가장 소중한 당신 _____님께

이 책을 드립니다.

성경의 지혜에서 배우다

인생과 비즈니스, 인간관계가 10배 잘 풀리는
가장 오래 되고, 가장 새로운 관계술!

# 성경의
# 지혜에서
# 배우다

나이토 요시히토 지음 | 김윤희 옮김

태인문화사

## 성경이야말로 최강의 인생철학서요, 인간관계의 정석 매뉴얼이다!

나는 예전부터 본래 종교 관련 서적은 딱 질색이었다. 당연히 그중에는 성경도 포함되어 있었다. "성경 안에 구원이 있다"는 말은 나에게는 그야말로 허무맹랑하고 황당하기 그지없는 소리였다. 그렇게 아주 오랜 세월을 '여리고 마음 약한 놈들이나 성경에 매달리고 하는 거지'라고 생각하면서 살아왔다.

그런 사람이 이런 책을 썼다고 하면 다들 의아해할 것이다. 이는 어느 순간, 성경 안에 우리가 살아가는 데 도움이 될 만한 지혜들이 무궁무진하다는 사실을 깨달은 덕분이다.

사실 이전에도 성경을 접한 적이 몇 번 있었다. 업무 관계로 가끔 호텔에 묵을 때 별달리 읽을 만한 책이 없으면 성경을 뒤적이기도 했으니까. 나는 성격상 무엇이든 읽고 있지 않으면 안절부절못했다. 아무래도 활자중독인 듯싶다.

요컨대 시작은 '일단 내가 살고 봐야 하니까 이거라도 읽어야지'라는 다분히 불순한 의도였던 셈이다. 하긴 나는 이렇게라도 하지 않으면 죽을 때까지 성경 한 글자도 접해 보지 않을 사람이니까.

그런데 이런저런 우여곡절 끝에 손에 잡은 성경은 어찌 된 일인지 생각보다 내용이 흥미로웠다.

'어라? 꽤 쓸 만한 내용인데…….'

이것이 첫 페이지를 넘기면서 처음 떠오른 생각이었다. 내가 보기에 성경은 종교서적이라기보다 오히려 인생철학서요, 인간관계에 보탬이 되는 매뉴얼이었다.

'옳거니, 이렇게 하면 인생이 술술 풀리겠는 걸.'

'음, 이 구절은 성공의 비결이라고 해도 과언이 아니야.'

'오호라, 사람 사귈 때 이 테크닉을 한 번 써봐야지.'

내심 감탄사를 연발해 가며 완전히 빠져들어 긁적이던 메모가 어느새 원고가 되어 버린 것이 바로 이 책이다.

솔직히 말하면 나는 신의 존재를 믿지 않는다.

신을 믿느니 차라리 내 주먹을 믿으리라.

그러니 '신을 믿으세요! 그러면 만사가 형통합니다'라며 반협박조로 다가오는 종교가 내 체질에 맞을 리 없다.

이런 생각은 나뿐만 아니라 많은 사람이 수긍하는 부분이 아닐까.

요미우리 신문이 2005년 8월 6일, 7일에 걸쳐 종교에 관한 여론조사를 했는데 '종교를 믿지 않는다'고 대답한 사람은 75퍼센트, '믿는다'고 대답한 사람은 23퍼센트로 나타났다. 결국 4명 중 3명은 신의 존재를 인정하지 않는 셈이다.

이런 현상은 다른 나라들도 크게 다르지 않은 것 같다. 제시카 윌리엄스Jessica Williams가 쓴 《세계를 보는 눈이 달라지는 50가지 사실》이라는 책을 보면 영국 10대들 가운데 외계인이나 UFO의 존재를 믿는 사람은 60퍼센트 정도이지만 기독교를 믿는 사람은 39퍼센트밖에 되지 않는다고 한다. 아무래도 현대인과 종교는 궁합이 잘 맞지 않는 모양이다.

이 책은 성경 속 내용을 종교가 아닌 보편적 삶의 지혜로 인식하고 내 전문분야인 심리학과 접목함으로써, 독자 여러분이 이해하기 쉽게 풀어나가려고 노력한 결과물이다.

심리학자로서, 종교학자는 더더구나 아닌 내가 이렇게 큼지막한 타이틀을 내걸고 책을 내도 되는 걸까, 망설이기도 했지만 널리 이해해 주시리라 믿는다.

또한 이 책에 실린 성경 해석은 종교학자가 아닌 심리학자인 나의 개인적 소견이므로 잘못된 부분도 많으리라 생각한다. 그때마다 바로 잡아 주시고 가르쳐 주신다면 더할 나위 없이 감사하리라.

나이토 요시히토 內藤誼人

# 차례

9

# CHAPTER 1

# 인간관계를 좋게 하는
# 10가지 지혜

# 1

# 싫은 사람이라도
# 좋아하라

나는 너희에게 이르노니 너희 원수를 사랑하며 너희를 박해하는 자를 위하여 기도하라 이같이 한즉 하늘에 계신 너희 아버지의 아들이 되리니 이는 하나님이 그 해를 악인과 선인에게 비추시며 비를 의로운 자와 불의한 자에게 내려주심이라

마태복음 5장 44-45절

구약성경에 보면 "이웃을 네 몸처럼 사랑하라"고 가르치고 있는데, 예수는 그 사랑의 대상을 더욱 넓혔다. 이웃을 사랑하는 것은 당연한 일이고, 더 나아가 원수와 적마저도 사랑해야 한다고 역설한다.

'싫은 녀석을 어떻게 좋아하라는 겁니까?'

'그건 말도 안 되는 소리예요!'

사람들은 이렇게 생각할 것이다. 물론 지독하게 밉상스러운 사람을 연인에게 하듯 '진심 어린 애정'으로 대하기란 여간 어려운 일이 아니다. 그래서 나는 누구나 간단히 실천할 수 있는 작전을 한 가지 전수하고자 한다. 그 작전이란 이렇다.

싫은 사람을 진심으로 좋아할 필요까지는 없다. 단, 적대적 감정을 굳이 겉으로 표현하지는 말라. 입에 발린 소리라도 좋으니 내가 당신에게 호의를 갖고 있다고 말해 보라. 그것만으로도 작전 성공이다.

예를 들면 당신은 시어머니를 너무 싫어한다.

그런 경우, 마음속으로는 싫은 감정이 충만하더라도 겉으로는 애교를 부리고 아양도 떨어보자. 정말 이렇게까지 해야 하는 걸까 하는 생각이 들 정도로 시어머니에게 좋아할 만한 이야기를 들려주자. 그것도 매일.

"어머님은 어쩜 이렇게 멋쟁이세요. 저랑 쇼핑 좀 같이 가주실래요? 제가 옷 고르는 센스가 영 엉망이잖아요……."

"저는 20년이 지나도 어머님처럼 맛깔나게 음식을 하지 못할 거예요……."

마음에도 없는 소리라도 일단 하고 보자. 너무 위선적이라고 생각할지도 모른다. 하지만 절대로 그렇지 않다. 입에 발린 소리 일망정 계속하다 보면 신기하게도 상대에 대한 나쁜 감정이 점점 사라지고 애정이 새록새록 솟아나는 것을 느낄 수 있다. 다시 말해서 시작은 위선이었더라도 어느덧 자신도 모르게 진짜 사랑과 정을 느끼게 된다는 뜻이다.

심리학자인 스탠퍼드 대학의 리언 페스팅거L. Festinger 박사의 실험에 의하면, 참가자들에게 지루하고 재미없는 일을 시킨 다음 '아아, 재미있다!' '정말 즐겁다…….' 하고 거짓말을 하게 했더니 정말 그 일에 흥미를 느끼기 시작했다고 한다.

이렇듯 사람은 자신이 말한 대로 기분을 바꿀 수 있다.

이 심리학 원리를 이용하면, 아무리 싫은 사람이라도 '당신이야말로 딱 내 스타일이에요!', '나는 당신이 정말 좋아요!' 하고 자꾸 되뇌는 사이에 정말 좋아하는 감정이 생길 수 있다.

특히 나 같은 경우는 싫어하는 사람일수록 더더욱 상대가 좋아할 만한 멘트를 전한다. 그러다 보면 그 사람에 대한 부정적인 감정이 저절로 사라지니 참으로 신기한 일이다.

사실 싫어하는 사람일수록 점점 더 미워지는 이유는 제삼자에게 '나 저 사람 정말 싫어'라고 하면서 자꾸 광고를 하기 때문이다. 어차피 말을 할 것이라면 마음이 내키지 않아도 '나는 저 사람이 참 좋아.' 하고 돌려서 말해 보라. 그러면 아무리 싫은 사람이라도 애정을 느낄 수 있으리라.

성경에서 배우는 삶의 지혜 1
**싫은 사람이라도 '좋아해!' 하고 말하다 보면 정말 좋아진다.**

# 2
# 쓸데없는
# 편견을 버려라

너희는 가서 내가 긍휼을 원하고 제사를 원하지 아니하노라 하신 뜻이 무엇인지 배우라 나는 의인을 부르러 온 것이 아니요 죄인을 부르러 왔노라 하시니라

마태복음 9장 13절

예수는 매춘 여성이나 세리(시민으로부터 세금을 걷는 사람)처럼 사회적으로 무시당하고 차별받던 사람들과도 허물없이 교제했다.

위에 소개한 구절은 당시 엘리트 계급이었던 바리새인들이 세리인 마태의 집에서 식사하는 예수와 세리를 보고 함께 있는 제자를 향해 "너희 선생은 어찌하여 죄인들과 함께 식사를 하고

있느냐?"라고 따지자, 예수가 그에 대한 대답으로 들려준 이야기다.

예수는 남자든 여자든, 병든 자든 건강한 자든 누구에게나 똑같이 대했다. 누구에게도 편견을 갖지 않았다.

그에게는 상대가 세리든 매춘 여성이든 아무 상관도 없었던 것이다. 사실 이것이 바로 인간관계의 기본 요령이다.

사람을 사귈 때는 쓸데없는 편견은 버려야 한다.

상대가 여자라고 해서, 외국인이라고 해서, 철없는 어린아이라고 해서 무턱대고 편견을 갖는다면 그 사람과의 관계는 삐거덕거릴 수밖에 없다.

편견을 갖고 대하면 아무래도 표정이나 행동에 부정적인 느낌이 묻어나기 마련 아닌가.

당신이 불쾌한 감정으로 대하면 상대도 고스란히 그 감정을 느끼고 당신에게 부정적인 느낌을 받게 된다.

이 점을 꼭 명심하라. 예를 들어 어떤 사람이 '갈색 머리나 곱슬머리는 성격이 괴팍하다'는 편견을 가지고 있다고 하자.

그래서 그는 갈색 머리인 사람을 볼 때마다 마치 악취라도 맡은 것처럼 불쾌한 표정을 짓는데 이는 무의식중에 그런 표정이 겉으로 드러나기 때문이다.

그런 표정을 본 상대 역시 자연히 그가 자신을 싫어한다는 것을 간파하고, '저 사람이 저렇게 나온다면 나도 저 사람을 굳이 상대할 필요가 없지.' 하고 마음을 닫아 버린다.

그러나 당신이 어떤 편견도 없이 다가가면 상대도 마음을 열고 다가온다. 인간관계에서는 편견을 배제하는 것이 가장 중요하다는 뜻이다.

그렇다면 어떻게 해야 편견을 버릴 수 있을까? 가장 효과적인 방법은 상대방과의 접촉을 늘리는 것이다. 당신이 먼저 상대방에게 말을 걸고 대화를 나누다 보면 쓸데없는 편견이었다는 사실을 깨닫게 될 것이다.

개라면 줄행랑치는 사람을 애견가로 만들려면 개를 키워보게 하면 된다. 우리 큰 아이는 어릴 때 개한테 물린 적이 있어서 개만 보면 기겁을 했는데, 둘째 아이가 강아지를 키우면서부터 언제 그랬느냐는 듯 개를 좋아하게 되었다. 아마도 동생과 함께 강아지랑 놀면서 '뭐야, 하나도 안 무섭잖아.' 하고 깨닫게 된 모양이다.

심리학에서도 '접촉빈도가 높을수록 상대에 대한 편견이 줄어든다' 라는 것은 지극히 당연한 원리로 다루고 있다.

텍사스 크리스천 대학의 한 심리학자는 정신병 경력이 있는 사람들과 대학생을 모아놓고 대화의 장을 만들어준 다음, 그들이 공동 작업을 할 수 있도록 프로그램을 짰다. 그 결과 놀랍게도 정신병 환자에 대한 대학생들의 편견이 기대 이상으로 많이 줄어들었다고 한다.

싫다고 해서 무조건 그 사람을 피하면 편견은 사라지지 않는다. 편견이 있기에 더더욱 자주 만나고 많은 대화를 나누어야 한다. 그러다 보면 자신의 편견이 얼마나 무의미하고 쓸데없었는지 피부로 느끼게 된다.

예를 들어, 번잡스럽고 시끄럽기만 한 요즘 젊은이들을 너무 싫다고만 하지 말고 일단 그들과 대화를 나누어 보라. 그들 역시 당신과 다를 것 없는 평범한 인간임을 알게 되리라.

성경에서 배우는 삶의 지혜 2
**대화를 나눌수록 편견은 사라진다.**

# 3

# 사소한 것도
# 소중히 여겨라

지극히 작은 것에 충성된 자는 큰 것에도 충성되고 지극히 작은 것에 불의한 자는 큰
것에도 불의하니라 너희가 만일 불의한 재물에도 충성하지 아니하면 누가 참된 것으
로 너희에게 맡기겠느냐

누가복음 16장 10–11절

인간관계에서는 보잘것없어 보이거나 아주 사소한 일이 의외로
중요한 의미를 지니기도 한다. 그 대표적인 예가 바로 인사다.
'인사 한 번쯤 안 했다고 무슨 일이 있을까?' 하고 생각하기 쉽
지만, '딱 한 번 깜빡한 인사' 때문에 자신의 평가가 완전히 절

하되는 경우가 의외로 많다.

입장을 바꿔서 생각해 보라. 안면 있는 사람이 당신을 외면하고 횡하니 지나가 버린다면 당신 기분이 어떻겠는가? '뭐 저런 사람이 다 있어.' 하고 언짢아할 것이다. 그러니 '인사 한두 번쯤 안 한들 뭐 어때'라고 가볍게 넘길 문제가 아니다. 이는 상대방도 마찬가지다.

사람 사이에서는 이렇게 사소한 문제가 얽히고설켜 큰일로 번지기도 한다. 크고 중요한 일은 웬만해서는 놓치지 않지만, 자질구레한 일은 자기도 모르게 놓치고 지나가 버리기 때문에 뜻하지 않은 낭패를 겪을 수도 있다.


하버드 대학의 빌 나글러Bill Nagler 교수는 인간관계에서 '인사를 잘해야 한다'든가 '항상 웃는 얼굴로 대해야 한다'는 것이 얼마나 중요한지 역설한다.

싸움이 크게 벌어져서 주먹다짐을 하거나 폭언을 주고받는 일 등은 워낙 큰일이라 서로 조심하기 마련이다. 반면 사소한 부분은 깜박하기 쉬우므로 더욱 각별히 조심하고 신경을 써야 한다는 뜻이다.

나글러 교수의 말에 따르면, 부부관계가 틀어지는 이유는 옷을 뒤집어서 벗어 놓는다거나 소변을 본 후 변기 뚜껑을 내려놓지 않는다거나 등 지극히 사소한 문제가 원인이 되는 경우가 다 반사라고 한다.

사소한 일들이 쌓이면 상대방의 기분을 망쳐버린다는 것을 명심하자. 나 역시 며칠 전 '사소한 일' 때문에 기분을 크게 상한 적이 있다.

그 사연인즉슨, 상대가 "나중에 전화 드리겠습니다"라고 해 놓고 그날이 지나도록 끝내 연락을 주지 않았던 것이다.

'요시히토 씨, 그렇게 안 봤는데 별것 아닌 일로 화를 내시네.' 하고 의아해할지도 모르지만, 나에게는 별것 아닌 일이 아니라 매우 중요하고 큰일이었다.

생각해 보라. 온종일 '그 사람이 언제쯤 전화할까?' 하고 전 화기를 들춰 보면서 신경을 곤두세우고 있어야 하는 데 이 얼마 나 큰 스트레스란 말인가.

사람들은 보통 자기가 하는 행동은 '별것 아닌 일', '사소한 일'이라고 대충 넘겨버리는 경향이 있는데 이는 결코 좋은 일이 아니다.

물론 "답장 보낼게요"라고 말해 놓고 메일을 보내지 않는 정 도는 얼마든지 있을 수 있는 사소한 일이라고 생각하기 쉽다.

그러나 그 메일을 기다리고 있는 사람 입장에서는 매우 중요 한 스케줄일 수 있지 않은가.

절대로 '그만한 일로 화를 내다니······' 라며 갸우뚱할 문제가 아니다. 그러므로 앞으로는 사소한 일일수록 더 신중하고 예민해지기를 바란다.

거듭 말하지만 누군가에게 호감을 사거나 미움을 받거나 하는 일에는 대개 '사소한 일'이 발단이 되는 경우가 많다. 그러니 사소한 일이라도 대충 넘겨버리지 말라. 사소한 일을 정확하게 짚어 주는 것만으로도 당신에 대한 평가가 높아질 것이니까.

성경에서 배우는 삶의 지혜 3
**사소한 일로 미움을 사기도 하고, 호감을 사기도 한다.**

# 4

# 다른 사람을
# 험담하지 말라

비판을 받지 아니하려거든 비판하지 말라 너희가 비판하는 그 비판으로 너희가 비판
을 받을 것이요 너희가 헤아리는 그 헤아림으로 너희가 헤아림을 받을 것이니라

마태복음 7장 1절

위의 구절은 성경에 나오는 너무나 유명한 구절이다. 꼭 기독교
신자가 아니더라도 한두 번쯤은 이 말을 들어 보았으리라.

그렇다! 다른 사람을 비방하거나 험담을 해서는 안 된다.

왜냐하면 당신이 누군가를 비난하면 그 누군가도 당신을 비

난 할 테니까!

    오하이오 주립 대학의 존 스코론스키<sub>John Skowronski</sub> 박사는 수업 시간에 학생들에게 어떤 사람이 그 자리에 없는 제삼자에 대한 험담을 늘어놓는 동영상을 보여 주면서 그들의 감정을 알아보는 실험을 했다.

    동영상은, "그 애는 개를 정말 싫어하는가 봐. 길 가다가도 개만 보면 가만히 있지 못하고 발로 뻥 차버린다니까." 하는 내용의 험담이었다.

    그러자 그 동영상을 본 참가자들은 화제에 오른 사람이 아닌, 험담을 하는 사람에게 부정적 감정을 갖게 되었다.

    누군가를 비난하고 헐뜯는 행동은 다른 사람으로부터 미움을 사 다름 아닌 자신을 고립시킨다.

    걸핏하면 외부 사람들에게 이런저런 불평을 늘어놓는 사람이 있다.

    "우리 회사 사람들은 하나같이 다 무능하단 말이야."

    하지만 정작 그 이야기를 들은 사람은 '아, 정말 이 회사에는 무능한 직원이 많구나.' 하는 것이 아니라, '이 사람 혹시 모든 것을 부정적으로 보는 사람 아니야?'라고 생각한다. 즉, 험담

대상이 아닌 험담을 늘어놓는 당사자에게 부정적인 감정은 느끼게 되는 것이다.

군이 험담까지는 아니더라도 번번이 변명을 늘어놓거나 늘 불평불만뿐인 사람은 결국 제 손으로 자기 무덤을 파는 꼴이 되기 마련이다.

"올 여름 더위는 정말 찜통 더위다. 더워도 너무 덥다. 대체 왜 이런 거야!"

"요즘 정치판은 ×판이야!"

"출근 시간 지하철은 완전 지옥이야!"

"요즘 연예인들은 도대체 왜 그러는지!"

이렇게 부정적인 이야기만 늘어놓으면 듣는 사람은 기분이 나빠질 뿐만 아니라 당신에 대해서도 부정적으로 생각하게 된다.

기본적으로 상대방의 기분을 망치는 이야기는 삼가는 것이 좋다. 어차피 남 이야기를 하는 것이라면 기분 좋고 유쾌하고 아름다운 사연을 들려주는 편이 좋지 않을까. 그러면 상대방의 기분도 좋아지고, 당신에 대해서도 '아, 이 사람은 참 좋은 사람이구나.' 하고 느끼지 않겠는가.


다 함께 모여 식사를 하고 있는데 어느 한 사람이 "오늘 음식 정말 맛 없네……"라고 연신 타박을 하면 같이 먹고 있는 사람들도 자연히 입맛이 떨어질 수밖에 없다. 뿐만 아니라 '다음부터는 이 사람과 절대로 같이 밥 먹지 말아야지.' 하고 다짐할지도 모른다.

그러므로 사람들과 어울려서 밥을 먹을 때는 방긋방긋 웃으며 "우와, 정말 맛있다!" 하며 감탄사를 연발하라. 화기애애한 분위기를 연출하는 주인공이 될 수 있으리라.

성경에서 배우는 삶의 지혜 4
**험담은 그 대상보다 말을 내뱉는 사람에게 마이너스가 된다.**

# 5

# 인색하게
# 굴지 말라

이것이 곧 적게 심는 자는 적게 거두고 많이 심는 자는 많이 거둔다 하는 말이로다 각각 그 마음에 정한 대로 할 것이요 인색함으로나 억지로 하지 말지니 하나님은 즐겨 내는 자를 사랑하시느니라

고린도후서 9장 6–7절

씨를 뿌릴 때, 달랑 10알을 심으면 10알 만큼만 수확하지만 통 크게 100알을 뿌리면 100알을 수확할 수 있다.

인간관계도 이와 같다. 인색한 사람은 인간관계가 원만하지 않다. '아까워서 과감하게 뿌리지' 못하는 사람은 적게 거둘 수밖

에 없는 것이 바로 자연의 이치다.

모임에 나가서 식대를 더치페이 할 때도 다른 사람보다 조금 많이 내보아라. 아마 당신을 보는 눈이 달라질 것이다. 나는 항상 그렇게 하고 있다.

식대를 다른 사람보다 더 많이 낸다는 것은 씨앗을 많이 뿌리는 것과 마찬가지다. 그 순간만 보면 금전적으로 손해를 입는 것처럼 보이겠지만, 장기적으로는 인맥도 넓어지고 사람들의 호감을 얻는 등 더 많이 거두게 된다.

비슷한 예로, 지폐 열 장을 둘이서 나누어 갖게 하는 심리실험이 있다. 이런 경우, 똑같이 다섯 장씩 나누어 갖는 것이 가장 평등한 방법임에도 불구하고 상대방은 썩 달가워하지 않는다는 결과가 나왔다.

오히려 나눠 주는 사람이 조금 손해를 보더라도 상대방에게 여섯 장 내지는 일곱 장을 주고, 본인은 네 장이나 세 장을 갖는 것이 이상적이라는 사실이 확인된 바 있다.

그러니 당신도 자신이 손해 보는 만큼 다른 사람에게 더 주는 삶의 철학을 갖기 바란다. 분명히 그들은 당신에게 매료되어 열혈 팬이 될 것이다.

큰 접시에 나온 요리를 나눌 때도, 상대방에게 많이 덜어 주고 자신은 조금만 먹어서 자연스럽게 배려한다면 누구나 당신을 좋아하게 되리라. 귀찮고 짜증나는 일을 할 때도, 당신이 힘겨운 만큼 누군가는 편하게 일하고 있다는 사실을 잊지 마라. 예를 들어, 화장실 청소처럼 대부분 꺼리는 일은 본인이 하고, 다른 사람에게 좀 더 쉬운 일을 하게 하는 것이 바로 감동을 주는 배려다.

영국 웨일스 남동부에 있는 몬마우스 대학의 심리학자 데이비드 스트로메츠David Strohmetz 는 상대방에게 '이익을 받았다'는 느낌을 주는 것이야말로 상대를 기쁘게 하는 요령이라는 연구결과를 발표한 바 있다.

이처럼 약간 손해를 보더라도 상대방을 기쁘게 하는 것이 무엇보다 중요하다는 사실을 명심하자. 정확하게 사람 숫자대로 나누는 것 자체는 지극히 공평한 일이다. 그러나 공평함만 고집하다 보면 평생토록 다른 사람의 호의와 신뢰를 얻을 수 없게 된다.

'내가 조금 손해 보고 말지!' 이런 생각이야말로 정답이다.

이러한 마음으로 씨를 뿌리면 반드시 풍성한 결실을 보게 될 것이다.

---

성경에서 배우는 삶의 지혜 5
**돈은 돌고 도는 것. 쓰면 쓸수록 들어오게 되어 있다.**

# 6

## 눈앞의 이익에
## 연연하지 말라

너는 네 떡을 물 위에 던져라 여러 날 후에 도로 찾으리라

전도서 11장 1절

여기서 이야기하는 '떡'이란 절대로 없어서는 안 되는, 일상적인 삶에서 가장 중요한 부분을 의미한다. 그런데 지금 그것을 버리라고 하고 있으니 실로 희귀한 가르침이 아닐 수 없다.

'생명과 직결되는 식량을 물에 던져버리라니 말도 안 되는 소리'라고 버럭 화를 낼 법도 하다.

하지만 무턱대고 화부터 내지 말고 좀 더 다른 의미로 해석해 보는 건 어떨까. 예를 들어 눈앞의 이익에만 급급해하지 말고 긴 안목으로 생각해 보라는 뜻으로 말이다. 다짜고짜 재고 따지기보다는 장기적 시점으로 생각해 보라는 것이다.

프랑스 작가 생텍쥐페리는 "진정한 사랑은 아무것도 바라거나 기대하지 않는 데서 시작한다"라고 했다. 실로 의미 깊은 이야기가 아닌가.

나도 지금까지 살면서 '돈 안 되는 일'을 많이 해왔다. 그래 봤자 손가락으로 헤아릴 수 있을 정도니 자랑할 일은 아니지만 말이다.

며칠 전에도 어느 단체가 강연을 부탁하면서 "죄송합니다만 강연료를 조금밖에 준비하지 못했습니다"라고 하기에 "아, 괜찮습니다. 당연히 가야지요. 교통비만 챙겨 주세요. 강연료는 필요 없습니다." 하고 대답한 적이 있다.

병아리 눈물만큼 받을 바에야 아예 한 푼도 받지 않는 편이 차라리 마음 편하기 때문이었다. 하지만 나의 이 사소한 마음씨에 상대방은 너무나 놀라고 고마워했다.

얼마 후, '떡을 물에 던져버린' 꼴인 나에게 감사한 일이 벌어졌다. 그 단체에서 내 책을 수백 권이나 구입해 주었던 것이다.

강연회에서는 어떤 사례도 받지 못했지만, 내 책의 독자가 되어 주신 것이 나에겐 더 큰 사례요 보답이었다.

이처럼 내가 호의적으로 대하면 상대방도 호의를 베푼다. 이 것이 바로 '호의好意 반보성返報性의 원리'이다.

코네티컷 대학의 데이빗 케니David W. Kenny 교수에 따르면, 당 신이 상대방에게 친절을 베풀면 상대도 당신에게 '호의를 갚고 싶은' 감정을 느낀다고 한다. 즉, 내가 굳이 되돌려 받으려고 하 지 않아도 상대방은 호의를 베푼다는 것이다.

전 직원 다섯 명의 자그마한 공장을 운영하는 오카노 마사유 키岡野雅行 사장도 《인생은 학벌보다 처세술이다》라는 책에서 같은 말을 하고 있다. 당장은 자신이 손해를 보고 상대방의 이익을 위 해 일하는 것처럼 보여도, 긴 안목으로 보면 언젠가는 반드시 자 신에게 되돌아온다는 것이다. 이는 눈앞의 이익만 추구하다가는 큰 것을 잃는다는 말과도 일맥상통한다.

그러므로 사람을 사귈 때는 멀리 내다보고 인내하는 마음가짐이 절대적으로 필요하다. 멀리 보지 않으면 소중한 '빵'을 쉬이 놓을 수 있다. 더구나 물에 던져버리라니! 이는 있을 수 없는 일이다. 언제라도 장기적인 안목을 갖출 수 있도록 항상 준비하기 바란다.

---

성경에서 배우는 삶의 지혜 6
**지금은 손해를 보는 것 같아도 나중에 크나큰 이익으로 되돌아온다.**

# 7

# 보이지 않는
# 덕을 쌓자

너는 구제할 때에 오른손이 하는 것을 왼손이 모르게 하여 네 구제함을 은밀하게 하
라 은밀한 중에 보시는 너의 아버지께서 갚으시리라

마태복음 6장 3-4절

선행善行은 참 좋은 것이다. 하지만 드러내 놓고 하는 것은 좋지
않다.

'자, 내가 이렇게 좋은 일을 했으니 모두 나를 좀 알아줬으면
좋겠어!'

'어때, 정말 대단하지. 내가 남들이 하지 않는 힘든 일을 했다

니까!'

이런 식으로 남들에게 보이기 위한 선행은 절대 삼가야 한다.

초등학생 아이라면 부모나 선생님에게 칭찬을 듣고 싶어서 그런가보다 하고 이해할 수 있지만, 어른이 되어서까지 그 습성을 고집한다면 사람들로부터 외면당하기 십상이다.

미국 노스캐롤라이나 주에 있는 웨이크포레스트 대학교의 마크 레어리Mark Leary 교수가 학생 297명을 대상으로 자신이 느끼기에 '지루한 대화'는 어떤 것인지 설문조사를 했다.

그 결과 당당히 1위를 차지한 것이 바로 '자기중심적인 자기 자랑'이었다.

실제로 식상한 자기 자랑은 상대방을 고통의 바다에 빠뜨릴 뿐이다. 선행을 했더라도 그것이 자기 자랑으로 끝난다면 아무 의미가 없다.

구석진 곳에서 아무도 모르게 베푸는 선행이야말로 모든 사람에게 칭찬받아 마땅한 일임을 명심하자.

"가장 아름다운 사랑의 행위는 마음속 깊은 곳에서 이루어지는 것으로, 그것은 아무리 시간이 흘러도 녹슬거나 퇴색하지 않는다."

프랑스 철학자 장 기통Jean Guitton 의 말이다.

그리고 보니 얼마 전에 시설에 있는 아이들에게 익명으로 가방을 기증해 온 어떤 분이 뉴스에 나와 화제를 모았던 적이 있다. 그분은 이름을 밝히지 않은 체, 〈타이거 마스크〉에 등장하는 만화 주인공처럼 자신을 '다테 나오토伊達直人'라고만 소개했다.

그 뉴스가 방영된 이후, 그분을 모방하는 사람들이 속속 출현하게 되어 이른바 '타이거 마스크 현상'으로 불렸다.

만약 그분이 당당하게 자신의 정체를 밝히며 '어때? 대단하지?' 하면서 으스댔다면 그토록 수많은 선행의 물결이 이어졌을까. 아마 아닐 것이다.

그 뉴스가 사회적으로 이슈가 된 이유는 익명의 기부자가 동화 속 키다리 아저씨처럼 정체를 밝히지 않았기 때문이다.

그래서 '요즘도 저런 사람이 있구나.' 하고 감동할 수 있었던 것이다.

'이렇게 좋은 일을 하는데 아무도 알아 주지 않으면 좀 억울하지 않을까?'라고 생각하는 사람이 있을지도 모른다.

'어차피 좋은 일 하는 건데 다른 사람들에게 교훈을 주는 것이 낫지 않을까?' 이런 생각도 할 수 있다.

하지만 그런 점이라면 걱정하지 마시라.

선행은 눈 깜짝할 사이에 번져나간다. 실제로 아이들에게 익명으로 책가방을 기부해 온 그분에 대해 사회는 올바른 평가를 하고 있지 않은가.

훌륭한 일을 하면 어느새 모두가 알아차리기 마련이다. '덧없이 사라지는 선행'은 없으니 안심하시라.

기업 활동도 마찬가지다. 사회에 보탬이 되는 성실한 행동을 하는 기업은 저절로 사람들 입에 오르내린다.

"저 회사 정말 좋은 회사야!"

그러니 무리해서까지 자랑할 필요가 있겠는가. 스스로 자신의 행동을 자랑하지 않아도 선행은 널리 알려지기 마련이니까.

성경에서 배우는 삶의 지혜 7
**선행은 자랑하지 않아도 자연히 번져나간다.**

# 8

# 타인의 말과 행동보다
# 자신의 행동에 눈을 돌려라

어찌하여 형제의 눈 속에 있는 티는 보고 네 눈 속에 있는 들보는 깨닫지 못하느냐
너는 네 눈 속에 있는 들보를 보지 못하면서 어찌하여 형제에게 말하기를 형제여 나
로 네 눈 속에 있는 티를 빼게 하라 할 수 있느냐 외식하는 자여 먼저 네 눈 속에서
들보를 빼라 그 후에야 네가 밝히 보고 형제의 눈 속에 있는 티를 빼리라

누가복음 6장 41-42절

다른 사람의 말이나 행동이 거슬린다고 해서 "당신은 이런 점
이 나빠. 고치는 것이 좋겠어." 하고 지적해 줄 필요는 없다.
보통 당신에게 감사하기보다는 발끈해서 화를 내기 십상이기

때문이다.

상대방의 말이나 행동이 못마땅해도 못 본 척 지나쳐 버리는 것이 좋다. 반면교사反面教師라는 말도 있듯, 상대방을 고치려고 하기보다 자신의 말과 행동을 되돌아보고 고칠 수 있다면 그것으로 충분하다.

직장 선배가 일할 생각은 않고 게임 삼매경에만 빠져 있더라도, 상사에게 일러바치거나 그에게 충고할 필요는 없다. '다른 사람이야 뭘 하든 나는 근무 시간에 열심히 일만 하자'라고 마음 먹으면 그것으로 충분하다. 그 이상은 아무런 의미도 없다.


조지타운 대학의 마르시아 미셀리Marcia Miceli 교수는 공공기관 열다섯 곳에 근무하는 13,000명을 대상으로 설문조사를 시행한 바 있다.

그 결과 '조직 내에서 부정과 부조리, 법규 위반 등을 발견하고 그것을 지적했을 때 시정이 이루어졌는가?'라는 질문에 응답자 대부분이 '아니오'라고 답했다. 여기에서 알 수 있듯이 결국 잘못을 지적하고 주의를 준다고 해도 이렇다 할 효과를 거두지 못했다는 것이다.

오히려 지적을 받은 사람이 잔뜩 기분 상해 있다가 훗날 당신이 사소한 잘못이라도 저지르면 '옳거니!' 하고 앙갚음을 해 올지도 모른다.

'나도 게임중독이긴 하지만, 당신도 커피숍에 앉아 수다나 떨면서 시간을 낭비하잖아!' 이런 식으로 말이다.


인간은 본성적으로 자신에게는 관대한 반면, 다른 사람에 대해서는 심하다 싶으리만치 엄격하고 냉혹한 존재다. 앞의 성경 구절은 그러한 본성을 엄하게 경고하는 것이다.

길에 쓰레기를 버리는 장면을 목격했다면 그 사람을 훈계하고 꾸짖기보다는 본인 스스로 그 쓰레기를 주워서 휴지통에 버리면 된다. 지적하고 지적받느라 언짢을 일 없어 만사 오케이 아닌가.

나 역시도 누군가에게 주의를 들으면 기분이 그리 유쾌하지 않으니 말이다.

게다가 단 한 번의 주의를 듣고 잘못된 행동을 고칠 수 있는 사람이라면 애초에 그런 실수를 하지도 않는다. 매번 똑같은 주의를 들어도 심각하게 생각하지 않기 때문에 실수를 반복하는 것이다.

거듭 말하지만 다른 사람의 잘못이나 실수가 눈에 띄더라도 절대로 지적하지 마라.

그 사람을 거울삼아 자신의 말과 행동을 다스리면 된다.

"나쁜 점을 나쁘다고 지적하는 것이 뭐가 잘못됐다는 거야!"

"나는 이 세상의 어떠한 악과 불의도 용서할 수 없어!"

이렇게 주장한다면 참으로 옹졸하고 그릇이 작은 사람이다. 타인의 허물과 잘못은 무조건 덮어 주고, 오로지 자신만 돌아보며 단속하는 일에 온 마음을 쏟기 바란다.

성경에서 배우는 삶의 지혜 8

**상대방을 바꾸는 것보다 자기 자신을 바꾸는 편이 훨씬 쉽고 보람 있다.**

# 9

# 옳은 일은 주저하지
# 말고 실천하라

한쪽 손 마른 사람이 있는지라 사람들이 예수를 고발하려 하여 물어 이르되 안식일에 병 고치는 것이 옳으니이까 예수께서 이르시되 너희 중에 어떤 사람이 양 한 마리가 있어 안식일에 구덩이에 빠졌으면 끌어내지 않겠느냐 사람이 양보다 얼마나 더 귀하냐 그러므로 안식일에 선을 행하는 것이 옳으니라 하시고 이에 그 사람에게 이르시되 손을 내밀라 하시니 그가 내밀매 다른 손과 같이 회복되어 성하더라

마태복음 12장 10–13절

선행을 베풀 때는 망설이지 말고 즉각 행동에 옮겨야 한다. 차에 노인이 탔을 때 '자리를 양보할까……' 하고 망설이다가 끝내

는 외면해 버렸던 경험 한두 번씩은 있으리라.

물론 '자리를 양보해야 한다'는 생각만으로도 당신은 훌륭한 사람이다. 하지만 그 생각을 실천에 옮기지 않았다면 아무런 의미가 없다.

즉 '친절하게 대해야지.' 하는 생각은 그 자체로는 아무 가치도 없고 칭찬받을 일도 아니다. 실제로 '친절을 베풀었는가.' 그것이 가장 중요한 일이다.

곤경에 빠진 직장 동료를 발견했을 때, 한걸음에 달려가 도움의 손길을 내밀어 보아라.

'내 일도 아닌데……'

'너무 나서도 모양새가 좀 그렇지……'

이런 생각으로 머뭇거리고 있으면 선행을 베풀 타이밍을 놓치고 만다. 그러므로 망설이지 말고 소신껏 행동해야 한다.


유대교에서는 안식일에 아무것도 해서는 안 된다는 율법이 있다.

하지만 예수는 "사람의 생명을 구하는 일에 무슨 망설임이나 율법이 필요하냐"라며 과감히 깨버렸다.

이렇듯 율법이나 규칙에 얽매여 선행을 망설인다는 것은 있을 수 없는 일이다.

자기 일이 아니더라도 누군가가 곤경에 처해 있다면 당연히 도와야 하지 않을까.

공공기관에 가보면 "그 업무는 제 담당이 아닌데요.", "그 일이라면 다른 부서로 가보세요." 하고 책임을 회피하는 공무원이 있다.

요즘은 그런 경향이 많이 줄어들었지만, 이는 대단히 부당한 일이다.

나라의 녹을 먹는 공무원으로서 시민이 어려운 일을 당했다면 책임소재를 따지기 전에 팔을 걷어붙이고 나서는 것이 당연하지 않은가.


콜롬비아 대학의 다니엘 아메스Daniel Aames 교수는 자기 일은 아니지만 겸손하고 순수한 마음으로 다른 사람을 도와주었을 때 주변의 평가가 매우 높아진다는 연구결과를 발표했다.

그러니 도움이 필요한 사람을 보면 "제 담당은 아닙니다만, 괜찮으시면 제가 좀 도와드려도 될까요?" 하고 적극적으로 응대하라.

당신이 클레임 담당자가 아니더라도 고객이 불만을 털어놓을 때는, "제가 담당자는 아닙니다만 저한테 말씀하시겠습니까?" 하고 이야기를 들어 주라. 그러면 고객의 마음이 한결 가벼워질 것이다.

좋은 일을 할 때는 망설일 필요가 없다. 착한 일은 누가 해도 착한 일 아닌가. '선행을 해서는 안 된다'라는 법은 세상 어디에도 없으니까.

# 10

# 선행을 베풀 때는
# 최대한 통 크게 하라

위로하는 자면 위로하는 일로, 구제하는 자는 성실함으로, 다스리는 자는 부지런함
으로, 긍휼을 베푸는 자는 즐거움으로 할 것이니라

로마서 12장 8절

친절을 베풀려면 이보다 친절할 수 없을 만큼 하라. 인색한 마음
으로 쩨쩨하게 굴면 당신의 진심은 전달되지 않는다.

나는 누가 "담배 한 개비만 얻을 수 있을까요?" 하고 물어오
면 아예 한 갑을 통째로 줘버린다. 항상 여유분으로 몇 갑씩 가
지고 다니기 때문에, 한 갑쯤 다 주어도 아깝지 않다. 더구나 한

개비씩 찔끔찔끔 주는 것 자체가 내 체질에 맞지 않는다.

한 개비만 주어도 당연히 상대는 고마워할 것이다. 하물며 한 갑을 받으면 고마움을 넘어 감격스러워하지 않겠는가. 고작 담배 하나 때문에 인색해져서는 안 된다.

과자를 먹을 때도 마찬가지다.

조금만 달라고 했다 해서 달랑 몇 개만 주지 말고 한 움큼 듬뿍 집어 주라. 초콜릿을 반씩 나누어 먹을 때도 큰 것을 상대방에게 양보하는 센스를 발휘해라.

"볼펜 좀 빌려주세요"라고 부탁해 오면 "그냥 두고 쓰세요. 저는 또 있으니까요." 하고 말해 보라. 몇백 원밖에 하지 않는 볼펜이지만, 그 적은 돈으로 상대방의 환심을 살 수 있다면 이 얼마나 행복하고 경제적인 일인가.

큰 금액이 아니라면 '돈 좀 빌려줘'라고 했을 때 받을 생각을 하지 말고 빌려 주어라.

물론 돈을 빌려 주고도 받지 않는 것이 습관이 되어서는 안 되지만, 이왕이면 동전 몇 개쯤은 '빌려 주는 것'보다 그냥 주는 것이 좋지 않을까. '저 사람, 왜 지난번에 빌려 간 돈 안 갚지?' 하고 실망하는 것보다는 백 배 낫다.

당신이 통 크게 베풀면 신세를 입은 사람은 당신이 없는 곳에서 칭찬하고 좋은 소문을 내준다. 결국 본전에 이자까지 챙기는 셈 아닌가.

오스트리아의 남동부에 있는 울롱공 대학의 폴 패터슨Paul
Patterson 교수는 다수의 소비자를 대상으로 설문조사를 한 적이
있다. 조사결과, 상품 구매 후 만족감을 느낀 고객의 74퍼센트
는 주변에서 좋은 소문을 들은 사람들이며, 그 역시 주위에 입
소문을 좋게 내주었다는 것이 드러났다.

이렇듯 친절을 베풀면 상대는 당신이 없는 곳에서 좋은 소문
을 퍼뜨려 준다. 다시 말해서 당신의 홍보대사가 되어 준다는
뜻이다. 이보다 더 큰 장점이 어디 있을까.

타인에 대한 배려와 친절은 당신 자신의 미래에 투자하는 일
임을 명심하라.

순간적으로는 '나만 손해를 보는 것' 같은 착각이 들지도 모
르지만 절대 그렇지 않다.

성경에서 배우는 삶의 지혜 10
**통 크게 베풀어라. 몇십 배로 좋은 평판을 들을 것이다.**

# Column

## 1 상황에 따라 자신의 감정을 솔직하게 표현하라

보통 사람들은 '예수 그리스도'라는 이름만 들어도 지극히 평화로운 이미지를 떠올린다. 분노 같은 감정을 표현한다는 것은 상상도 못한다.

나도 마찬가지다. 예수 그리스도는 한 번도 화를 내거나 짜증내는 일 없는 온화한 성품의 소유자라고 생각했다.

그런데 그렇지도 않은 모양이다.

마태나 누가, 요한이 쓴 복음서를 읽어 보면 예수가 예루살렘에 들어섰을 때 성전 뜰에서 장사하고 있던 상인들에게 불같이 화를 퍼부었다는 에피소드가 나온다.

"예수는 성전에 들어가, 그곳에서 사고팔고 하는 자들을 모두 쫓아내고, 환전상들의 탁자와 비둘기 장수들의 의자를 둘러엎었다. 그리고 그들에게 말하였다. '나의 집은 기도의 집이라 불릴 것이다'라고 기록되어 있다. 그런데 너희는 이곳을 '강도들의 소굴'로 만드는구나."

이 정도로 격하게 행동한 것을 보면 엄청나게 화가 많이 난 것임이 틀림없다.

내 개인적 견해로는 예수 그리스도라면 다짜고짜 화를 내기보다 "여러분, 자리에 앉아서 내 이야기를 들어보세요." 하고 가르침을 펼쳐야 하지 않았나 싶다.

물론 성경 해석에 문외한인 내가 몰라서 하는 이야기다. 또 예수를 험담하려는 것이 아니다.

나는 이 이야기를 듣는 순간 '아, 예수도 어느 정도 감정적으로 행동하는구나.' 하고 왠지 친근한 느낌을 받았다.

인간은 모두가 감정의 동물이다.

사람들은 무조건 자신의 감정을 억누르고 제어하려는 경향이 있는데, 나는 가끔은 감정적으로 행동해도 괜찮다고 생각한다.

물론 누군가와 싸웠다거나 아랫사람을 호통쳤다면 이유를 설명하고 차근차근 가르쳐 주어 감정이 맺히지 않도록 해야 하겠지만 말이다.

인간은 풍부한 '감정'을 가지고 있다.

기뻐하고 슬퍼하고 화를 내고 우는 것은 인간만이 누릴 수 있는 특권이다. 감정이 없다면 그는 이미 인간이 아니다. 인간이기 때문에 가끔은 솔직하게 감정을 표현할 수 있는 것이다.

설령 그것이 분노라는 감정으로 표출되더라도 말이다.

캐나다에 있는 윈저 대학의 케네스 크레머Kenneth Cramer 교수는 1,000명에 가까운 대학생에게 설문조사를 한 결과, 자신의 감정을 억제하면서 살아가는 사람일수록 우울증에 걸릴 확률이 높다는 것을 밝혀냈다. 이는 하고 싶은 말을 하지 못하고 억지로 참고 있으면 정신이 병들어 버린다는 증거다.

성경은 인내하고 절제하라고 가르치고 있다. 하지만 상황에 따라 자신의 감정을 솔직하게 표출하는 것도 전혀 나쁘지 않다.

# CHAPTER 2

# 적을 내 편으로 만드는
# 10가지 지혜

# 11

# 적대감만 없다면
# 모두 내 편이다

우리를 반대하지 않는 자는 우리를 위하는 자니라

마가복음 9장 40절

어느 날, 제자 요한이 예수 이름을 팔며 멋대로 귀신 쫓는 사람을 엄히 꾸짖고 다시는 하지 못하도록 금했다.

그러나 예수는 제자들에게 '나를 거스르고 반대하지만 않으면 모두 내 사람'이라고 가르쳤다.

물론 타인의 명의를 도용하는 행위 자체는 위법이다. 하지만 그 사람은 중차대한 범죄를 저지르기 위해서가 아닌, 오로지 귀신을 내쫓고 병든 자를 고치고자 예수의 이름을 빌렸다. 이 말은 자신을 대신하여 선한 일을 하는 사람을 어떻게 적으로 간주할 수 있느냐는 뜻이다.

적어도 적군이 아니라면 무조건 아군이라고 생각하자.

당신을 칭찬하지는 않지만 험담도 하지 않는 회사 동료가 있다면 내 편이라고 생각하면서 지내는 것이 좋다.

'저 사람은 나를 위해 아무것도 해 주지 않아'라고 생각하지 말고, '내 험담을 하지 않는다는 사실 하나만으로도 나의 동지'라고 긍정적으로 받아들여야 한다. 그러면 상대방에 대해 감사하는 마음을 가질 수 있을 것이다.

내 책을 읽고 '정말 재미없다'고 느끼는 독자도 있으리라.

그렇다고 해도 '저 사람 책은 재미없으니까 절대로 읽지 마세요'라고 인터넷에 글을 올린다거나 주위 사람들에게 흉만 보지 않는다면, 그 독자에게 그저 감사할 따름이다.

미국 고급 백화점인 노드스트롬에서 부사장을 역임했던 벳시 샌더스Betsy Sanders에 따르면, 어떤 매장에 불만을 품은 고객은 적게는 9명, 많게는 20명의 지인을 찾아가 자신의 불만을 퍼뜨리는 경향이 있다고 한다. 이러한 현상이 계속되면 결국 그 매장의 신용은 급격히 추락할 수밖에 없다.

사람도 마찬가지다. 소문을 나쁘게 퍼뜨리는 사람 때문에 점점 나쁜 사람이 되어 가는 것이다. 그러니 내가 없는 곳에서 나의 험담을 하지 않는 것만으로도 그 사람에게 감사해야 한다.

당신에 대해 적나라하게 적대감을 표현하는 사람은 분명히 적이지만 아무것도 베풀지 않는다고 해서 무턱대고 적으로 몰아붙여서는 안 된다. 현재 적이 아니라면 앞으로 적이 되지 않도록 당신 편으로 끌어안으려고 노력하라.

선거판에서도 '나를 지지하지도 않고 반대하지도 않는 표심'을 얼마나 확보하느냐가 승부의 관건이다. 나에게 분명한 적대감을 가진 사람은 어쩔 도리가 없지만, '좋아하지도 싫어하지도' 않는 중간층은 얼마든지 내 편으로 만들 수 있다. 그런 사람을 적으로 간주하지 말고 내 사람으로 만드는 것이 진정한 승리다.

우리는 '확실한 내 편'이라는 증거를 확보하지 않으면 내 사람이라고 인정하지 않으려는 경향이 있다. 이제는 '나를 적으로 몰아세우지 않는 것'만으로도 감사의 인사를 올려야 한다고 생각을 바꿔보지 않겠는가.

성경에서 배우는 삶의 지혜 11
**나를 공격하지 않는 것만으로도 감사하라.**

# 12

# 남을 용서하는 일은
# 나를 위한 일이다

주여 형제가 내게 죄를 범하면 몇 번이나 용서하여 주리이까 일곱 번까지 하오리이
까 예수께서 이르시되 네가 이르노니 일곱 번뿐 아니라 일곱 번을 일흔 번까지라도
할지니라

마태복음 18장 21-22절

누군가를 용서한다는 것은 여간 어려운 일이 아니다. 하물며 어
떻게 싫은 사람을 사랑하라는 말인가.

"말도 안 되는 소리 좀 하지 마세요, 나이토 선생. 내가 그 사
람을 싫어하는 데는 다 그럴만한 이유가 있어요. 그런데 용서하

고 사랑하라니! 입장을 바꿔놓고 생각해 보세요. 절대 안 될 말입니다!"

이렇게 말하는 것도 무리는 아니다.

하지만 무조건 '불가능한 일'이라고 포기하지 마라. '용서에는 노력'이 필요하다.

일단 몇 번 '억지로 용서하는 척' 하다 보면 자신도 모르는 사이에 상대를 용서할 수 있는 마음이 생겨나기 마련이다.

'절대로 안 돼!'라고 다짐하기 때문에 용서하지 못하는 것이다. '그 사람을 어떻게 용서할 수가 있어!' 하고 완강하게 버틸수록 점점 더 용서할 수 없게 된다.

강경하게 맞서는 독자 여러분들에게 조언을 한 마디 드리려고 한다. 용서는 상대를 위한 행동이 아니라 결국 '나 자신을 위한 것'이다. 내가 행복해지기를 원한다면 상대방을 용서해 주어야 한다. 남을 위해서가 아니라 나 자신을 위해 용서해야 하는 것이다.

용서를 하고 나면,

'나라는 사람, 정말 착한 사람이야.'

'역시 나는 마음이 넓은가봐.'

'저렇게 나쁜 사람을 용서하다니, 내가 생각해도 난 정말 대단한 인격자야.'

이렇게 뿌듯해지고 자신이 대견하게 느껴질 것이다. 그리 어렵거나 절대로 불가능하다고 고개 흔들 일만은 아니다.


노스웨스턴 대학의 로라 루치스Laura Luchies 교수는 결혼한 지 6개월이 채 안 된 신혼부부 72쌍을 5년에 걸쳐 밀착 취재한 적이 있다.

그 결과, 배우자의 외도나 가정에 대한 무관심, 무절제한 씀씀이 같은 결격사유도 과감히 용서하고 받아들이는 경향이 강한 사람일수록 자기 가치감, 자존감(자신을 사랑하고 귀히 여기는 마음)이 높다는 것을 알았다.

이렇듯 내가 상대방의 허물과 실수를 너그럽게 받아들이면 상대방도 마음이 놓이고 행복해진다. 그런 부부는 평생 원만한 관계를 유지할 수 있다.

상대를 용서하는 것은 내가 먼저 행복해지기 위해서다. 절대 그 사람을 위해서가 아니다.

다짜고짜 '원수를 사랑하라!'고 강요받으면 욱하는 마음에 도저히 용서할 수 없지만, '내가 행복해지기 위해서'라고 생각하면 기꺼이 용서하고 싶은 마음이 우러나게 된다.

나 역시 신경질적이어서 화를 잘 냈다. 거기다가 집요하기까지 해 누군가를 '용서하는 마음'을 갖게 되리라고는 상상조차 못했다.

그런데 누군가를 용서하는 것이 결국 행복해지는 길이라고 생각을 바꾸고 나자 마음이 넉넉해지면서 진심으로 용서할 수 있게 되었다. 이렇듯 사람은 원래 타산적인 면이 있어서 자기에게 이익이 된다고 하면 무슨 일이든 기꺼이 할 수 있다.

성경에서 배우는 삶의 지혜 12

**'다른 사람을 용서할 줄 아는 자신'을 좋아하게 되리라.**

# 13

## 아무리 싸움을 걸어와도
## 상대하지 말라

이에 예수께서 이르시되 네 칼을 도로 칼집에 꽂으라 칼을 가지는 자는 다 칼로 망하
느니라

마태복음 26장 52절

언쟁이 붙었을 때는 대꾸를 하지 않는 것이 가장 좋은 방법이
다. 설령 상대가 온갖 욕설과 악담을 하며 달려들어도 무시하
라. "오는 말이 고와야 가는 말이 곱지." 하면서 되받아쳤다가
는 사태만 더욱 악화될 뿐이다.

상대방이 칼을 빼들었다고 해서 본인도 칼을 휘두르면 서로

목숨만 상하는 위태로운 싸움이 벌어지지 않겠는가.

그러니 이런 상황에 부딪히면 눈 하나 끔쩍하지 말고 본체만 체해 보라. 결국 상대방이 멀쑥해져서 도로 칼을 거두어 버릴 것이다.

물론 그 순간에는 '욱' 하며 화가 치솟겠지만 냉정한 표정으로 외면해 버리면 험악한 분위기는 금방 가라앉는다.

최근 심각한 사회문제로 떠오르고 있는 왕따나 집단폭력 등도 마찬가지다. 가해 학생들은 피해 학생이 소리를 지르고 무서워 벌벌 떠는 모습이 재미있어서 강도를 더 높이는 것이다.

아무리 심하게 장난을 치고 폭행을 해도 상대가 전혀 개의치 않는 표정으로 무시해 버리면, '이 녀석은 아무리 괴롭혀봤자 끄떡도 하지 않겠어.' 하면서 포기해 버린다.


미국 캔자스 시티에 있는 포트 헤이즈 주립 대학교의 케네스 올슨Kenneth Olsen 교수는 대학생 138명을 대상으로 설문조사를 시행했는데, 대인관계가 원만하지 못한 사람일수록 '다른 사람에게 복수하려는 심리가 강하다'는 충격적인 결과를 보고했다.

이렇듯 무언가 억울하고 두려운 일을 당했을 때 제삼자에게 화풀이하고 복수하려는 심리가 강한 사람은 평소 인간관계가 원만할 수 없다.

'당한 만큼 되돌려 줄 거야.' 하고 분개하지 말고 '아무리 당해도 난 끄떡없어.' 하는 표정을 지을 줄 알아야 한다. 그것이 진정한 승리다.

예수가 "오른쪽 뺨을 맞으면 왼쪽 뺨도 가져다 대라"고 가르친 것처럼, '내가 맞았으니 누군가도 맞아야 돼'가 아니라 "왼쪽 뺨도 때리세요." 하고 대응을 하면 상대방은 맥이 풀려서 더 이상 심한 행동을 하지 못한다.

에도시대 상인들은 손님에게 코가 땅에 닿도록 인사하고 겸손히 대하는 마음가짐을 성공의 비결로 꼽고 있다. 이것은 또한 인간관계의 기본이기도 하다. 상대방이 아무리 치졸하고 말도 안 되는 방법으로 대응해 와도 복수의 칼을 갈아서는 안 된다.

인간이란 한창 혈기 왕성할 때는 물불을 가리지 않지만, 세월이 흐를수록 '노쇠'하기 마련이라 화도 덜 내게 된다.

만약 당신이 화를 잘 내는 성격이라도 '10년만 지나면 나도 온순해지겠지.' 하고 긍정적으로 생각하면서 성격을 개선하려고 노력하기 바란다.

성경에서 배우는 삶의 지혜 13
**'싸워서 이기는 사람' 보다 '싸우지 않는 사람'이 더 큰 이익을 얻는다.**

# 14

# 순종하는 사람이
# 마지막에 웃는다

예수께서 앉으사 열두 제자를 불러서 이르시되 누구든지 첫째가 되고자 하면 뭇 사람의 끝이 되며 뭇 사람을 섬기는 자가 되어야 하리라

마가복음 9장 35절

독일 신학자 슐라이어마허Schleiermacher가 "신앙의 중심에는 절대적으로 복종하는 마음이 있다"고 하자, 그 말을 들은 철학자 헤겔이 "그렇다면 세상의 생물 중 가장 신앙심 깊은 종족은 개가 아닐까요?" 하고 비웃었다는 일화가 있다.

그런데 개처럼 복종하는 것이 잘못되었나?

나는 그렇게 생각하지 않는다. 순종 또한 인간의 미덕 중의 하나가 아닌가.

각을 세우고 있으면 어떤 식으로든 사람들과 부딪히기 마련이다. 반면 매사에 둥글둥글 살아가는 사람은 갈등이나 충돌없이 주변 사람들과 잘 지낸다.

그러므로 마지막 순간에 승자가 되려면 각을 세우지 말고 둥글게 살면서 상대방에게 '내가 당신보다 한 수 위'라는 것을 보여 주어야 한다.

상대방이 "당신이 개입니까? 그렇게까지 순종하다니." 하고 비웃어도 전혀 개의치 말고 "그래요, 저는 순종적이고 충직한 개입니다. 그래서 모든 사람들이 저를 예뻐하지요, 하하하." 이렇게 웃어넘기면 된다.

요즘 사람들은 특히 애완견을 많이 기르는데, 개의 행동(주인에게 절대적으로 충성을 맹세하는 것)을 참고로 하여 자신의 행동원칙으로 삼는 것도 나쁘지 않으리라.

심리학적으로 볼 때도 이 방법이 최선이라고 할 수 있다.


텍사스 대학의 에밀리 아마나툴라Emily Amanatullah 교수는 평균 연령 29세의 매니저 357명을 대상으로 일상생활에서 사람들과 충돌했을 때 어떻게 대응하는지를 물어보았다. 그 결과,

- 자신이 먼저 양보한다.
- 상대방이 기뻐하면 그것으로 행복하다.
- 내 기분보다 상대방의 기분을 소중히 여긴다.

라고 말하면서 상대방과의 충돌을 피하려는 사람이 많았다.

이렇게 갈등을 해결하려는 사람은 대인관계를 만족스럽게 유지할 가능성이 큰 것으로 나타났다. 다른 사람과 갈등하고 반목하기보다 '네, 먼저 하시죠!' 하는 양보하는 마음이야말로 인간관계를 원만하게 하는 비결이다.

엘리베이터를 탈 때도 옆 사람이 먼저 타도록 배려해 보라. 그 사람은 겸손한 당신에게 호감을 느끼고 좋아하게 될 것이다.

'굽실거린다'라는 말 자체는 그리 좋은 의미가 아니지만, 나는 차라리 '굽실거리는' 편이 낫다고 생각한다. 그것은 부끄럽거나 비겁한 행동이 아니라 삭막하고 험난한 세상을 살아 나가기 위한 처세술이기 때문이다.

'나는 목에 칼이 들어와도 머리 숙이는 일 따위는 안 해!' 하고 괜한 고집을 부려보았자 본인만 힘들어질 뿐이다.

그런 자존심일랑 어서 던져 버리기 바란다.

> 성경에서 배우는 삶의 지혜 14
> **사람들은 순종하는 사람을 좋아한다.**

# 15

# 존경받고 싶다면
# 겸손해져라

무릇 자기를 높이는 자는 낮아지고 자기를 낮추는 자는 높아지리라

누가복음 14장 11절

사람들로부터 호감을 사고 싶다면 겸손해야 한다. 겸손이야말로 인간의 크나큰 미덕이다. 실제로 겸손한 사람 주변에는 항상 사람들로 북적인다.

반면 '나는 정말 잘났어!' 하고 거만하게 구는 사람은 늘 외롭다. 그도 그럴 것이, 입만 열면 자기 자랑만 늘어놓는 사람과 함께 있어 봤자 기분만 상할 뿐 이내 질리기 마련인데 누가 다가 가려 하겠는가.

　캘리포니아 대학의 마이클 로빈슨Michael Robinson 교수는 58명의 학생에게 겸손한 사람과 거만한 사람의 프로필을 읽게 한 다음, 각각의 인물에 대한 평가를 물어보았다.

　그 결과, 학생들은 겸손함을 강조한 사람에 대해 '정직하다' 고 평가하면서 그 사람에 대한 '호감도'를 높게 나타냈다. 결국 겸손할수록 사람들이 좋아하고 신뢰한다는 것이다.

　"벼는 익을수록 고개를 숙인다"는 말이 있다.

　알차게 잘 여문 벼일수록 겸허하게 머리를 숙인다는 비유다. 알곡이 여물지 않고 속이 바싹 말라버린 벼는 머리를 바짝 쳐들고 위세를 떤다. 그런 벼가 되어서는 안 되지 않은가.

　사람은 지위가 높아지거나 전문적인 자격을 취득하거나 하면 '역시 나는 보통 사람과 달라.' 하는 착각에 빠지기 쉽다. 의사 중에도 환자를 너무 권위적으로 대하는 바람에 거부감을 느끼게 하는 경우를 종종 보는데, 이처럼 사회적으로 지위가 높은 사람들은 특히 이런 실수를 범할 가능성이 높아 각별한 주의가 필요하다.

나는 작가라는 직업 때문인지 주변 사람들이 "어떻게 책을 내죠? 정말 대단해요." 하고 부러워한다.

　칭찬과 부러움을 사는 자체는 기쁘지만 반대로 위험천만한 일이기도 하다. 나도 모르게 콧대가 높아져서 사람들로부터 미움을 사고 외면당할 수 있기 때문이다.

　그래서 나는 사람들이 칭찬할 때마다 '안 돼! 위험해!' 하고 나 자신을 타이른다. 그렇게 하지 않으면 인간의 미덕인 겸손을 망각해 버릴 수 있기 때문이다.


　겸손하지 못한 사람은 매우 위험하다. 젊을 때는 배우는 자세로 겸손하다가도 조금 성공했다 싶으면 이기적이고 거만해지는 경영자들이 얼마나 많은가. 이런 사람은 당장은 성공한 것처럼 보여도 장기적으로 봤을 때 결국 사람도 잃고 사업도 쇠퇴할 수밖에 없다.

　'경영의 신'으로 불리는 마쓰시타 고노스케松下幸之助 씨는 평생 동안 단 한 번도 거만하게 행동해 본 적이 없다고 한다. 누구에게나 겸손하게 머리를 숙이고 심지어 자기보다 나이가 어린 사람의 이야기에도 귀를 기울여 주었다는 것이다. 과연 '경영의 신'다운 면모가 아닌가!

조금 유명해지고 성공했다고 해서 교만하게 굴어서는 안 된다. 우리는 종종 자신을 위대한 존재라고 착각하는데, 항상 긴장하면서 '겸손해야 돼, 교만해지면 위험해!' 하고 자신을 타이르는 습관을 들여야 한다.

성경에서 배우는 삶의 지혜 15
**잘 나갈 때일수록 사람들의 눈을 의식하라.**

# 16

# 말이 아닌 행동으로
# 사람을 움직여라

보내심을 받지 아니하였으면 어찌 전파하리요 기록된 바 아름답도다 좋은 소식을 전
하는 자들의 발이여 함과 같으니라

로마서 10장 15절

위의 성경 구절은 예수 그리스도의 사도인 바울이 로마 신자들
에게 보낸 편지 가운데 한 구절이다.

사도 바울은 글 쓰는 데는 자신 있었지만 언변이 약했다. 그
래서 항상 예수의 가르침을 전할 때 말보다 몸을 사용했다. 누
구보다 부지런히 이곳저곳을 누비며 자신의 순수한 신앙을 전

하고자 했던 것도 그 때문이었다.

그는 당시 지중해 지방을 순례하면서 기독교 전파를 위해 일생을 헌신한 공로자다. 말과 글이 아닌 온몸으로 열정을 불사른 눈물겨운 노력과 헌신을 보고 사람들도 마음을 열었으리라.

이렇듯 아무리 미사여구를 늘어놓고 감언이설로 달래도 사람 마음은 쉽사리 움직이지 않는다. 그보다는 자세가 더 중요하다.

"사나이는 말보다 주먹"이라는 우스갯소리도 있는 것처럼, 말을 유창하게 하지 못해도 자세가 성실하고 진실하면 그것으로 충분하다. 당신의 진지한 모습을 목격한 사람들은 당신의 행동을 따라 하고 흉내 내려고 할 것이다.

늘 책을 보는 부모의 아이는 '공부해라!' 하고 입이 닳도록 잔소리하지 않아도 부모를 닮아간다. 그 아이가 똑똑해지는 건 당연한 수순 아닌가.

"직원들이 너무 게을러서 큰일입니다. 무슨 방법이 없을까요?"

울먹이며 고민을 털어놓는 경영자. 내가 만일 이 사람에게 상담을 의뢰받았다면 이렇게 충고하리라.

"직원들은 지금 아무 문제가 되지 않습니다. 우선 사장님이 솔선수범해서 직원들보다 먼저 출근하고 열심히 일하는 모습을 직원들에게 보여 주세요!"

종업원이 게으른 것은 순전히 사장 때문이다. 냉방 완비된 사무실에서 한가롭게 놀고 있는 사장을 보면서 열심히 일할 종업원이 어디 있는가.

캘리포니아 대학의 토머스 사이Thomas Sy 교수에 따르면 부하는 리더의 절대적인 영향을 받는다고 한다. 리더가 소매를 걷고 부지런히 움직이면 부하도 열심히 일하고, 리더가 콧노래를 흥얼거리며 즐겁게 일하면 부하도 일을 즐기게 된다는 것이다.

사이 교수는 이를 가리켜 '리더의 감염작용'이라고 부른다. 이 법칙을 활용하면 이런저런 잔소리를 하지 않아도 사람을 움직일 수 있다. 상대방에게 어떤 일을 시키고 싶다면 본인이 먼저 하면 된다.

행동으로 본을 보이면 사람은 감화되기 마련이다.

내가 하기 싫은 일, 내 능력 밖의 일을 다른 사람에게 강요하는 것만큼 어리석은 짓은 없다. 세상은 그렇게 호락호락하지 않다는 것을 명심하라. 다른 사람이 해 주기를 바라는 일은 본인이 먼저 모범을 보여야 한다.

성경에서 배우는 삶의 지혜 16
**당신이 움직이면 주변 사람들도 당연히 움직인다.**

# 17

## 꾸지람을 들었다면
## 사랑받고 있다고 생각하라

아들들에게 권하는 것 같이 너희에게 권면하신 말씀도 잊었도다 일렀으되 내 아들아 주의 경계하심을 경히 여기지 말며 그에게 꾸지람을 받을 때에 낙심하지 말라 주께서 그 사랑하시는 자를 징계하시고 그가 받아들이시는 아들마다 채찍질하심이라 하였으니 너희가 참음은 징계를 받기 위함이라 하나님이 아들과 같이 너희를 대우하시나니 어찌 아버지가 징계하지 않는 아들이 있으리요 징계는 다 받는 것이거늘 너희에게 없으면 사생자요 친아들이 아니니라

히브리서 12장 5–8절

상사는 장래성 없는 부하 직원에게 어떠한 기대도 하지 않는다. 그래서 꾸중도 하지 않는다. 상사가 진심으로 화를 내며 혼쭐을

냈다는 것은 당신에게 가능성이 있다는 증거다.

스포츠 세계도 마찬가지다. 코치나 감독이 호통을 치면서 고되게 훈련을 시키는 이유는 그 선수에게서 가능성을 보았기 때문이다.

'이 녀석은 크게 될 거야!'라고 확신하고 있기 때문에 혼내고 자극을 주는 것이다. 냉혹하리만치 엄하게 대하면서도 손을 내밀어 그를 인도해 준다.

반면 '이놈은 틀렸어……' 하고 전혀 싹이 보이지 않는 선수에게는 어떤 관심도 보이지 않는다. 적당히 둘러대면서 대충 가르치면 그만이다. 가능성도 없는 선수를 힘들게 가르칠 필요는 없으니까.

누군가를 혼내고 타이르려면 엄청난 힘과 에너지가 필요하다. 그래서 굳이 혼낼 필요가 없는 상대는 그냥 내버려 두려는 것이다. 마찬가지로 힘들게 에너지를 쏟아가며 상대를 가르치고 키우려는 것은 그에게 애정을 느끼기 때문이다. 사랑스럽고 기특하기 때문에 더 엄하게 대하려고 하는 것이다.

만약 당신의 상사가 당신이 하는 일에 참견도 하지 않고 꾸지람도 하지 않는다면 '좋았어, 잘 됐다!'라고 좋아할 것이 아니라, '뭐야, 나한테 아무 기대도 하지 않는군!' 하며 실망해야 마땅하다.

정말 아끼고 기대하는 부하라면 오히려 그냥 내버려 두는 것이 이상하지 않은가.

보통은 누군가에게 혼이 나면 '에이, 기분 나빠!' 하고 언짢아하는데, 사실은 감사해야 할 일이다. '나는 지금 이 사람의 기대를 한몸에 받고 있어. 그러니까 나를 이렇게 혼내는 거야.' 하고 생각하면 전혀 기분 나쁠 일이 없다.


심리학에서는 자신의 시각을 바꾸는 것을 '프레임Frame을 바꾼다'라고 표현하는데, 똑같은 사실(혼나는 일)에 대해서도 프레임을 바꾸면 감사히 여길 수 있게 된다.

기억하시라. 상대방에게 관심과 애정이 없으면 그를 혼내거나 나무라지 않는다.

'어차피 남인데 뭐……' 못 본 척하면 그만이다.

예전에는 학교 선생님이 학생들을 엄하게 가르쳤다. 자고로 제자는 '내 아들 딸과 똑같다'고 생각했기 때문이다. 그래서 아무리 선생님이 엄하게 훈육을 해도 부모와 아이 모두 언짢아하거나 토를 달지 않았다.

오히려 부모가 '우리 아이 좀 엄하게 가르쳐 주세요.' 하고 부탁할 정도였다.

그런데 요즘 선생님은 어떤가. 제자를 자식처럼 생각하기는

커녕 지나치는 '수강생'쯤으로 여긴다. 적당히 가르쳐서 졸업시키면 그것으로 본인의 임무는 다했다고 생각하는 선생들이 많은 것 같다. 더 이상 교사를 성직(聖職)이라고 부르지 않는 이유도 바로 이 때문이 아닐까.

성경에서 배우는 삶의 지혜 17
**꾸지람 들을 때야말로 감사한 마음을 가져야 할 때다.**

# 18

# 말한 것은
# 반드시 실천하라

누구든지 하나님을 사랑하노라 하고 그 형제를 미워하면 이는 거짓말하는 자니 보는
바 그 형제를 사랑하지 아니하는 자는 보지 못하는바 하나님을 사랑할 수 없느니라

요한일서 4장 20절

하나님을 사랑하는 사람은 형제도 사랑할 수 있다. 아니, 이보
다는 형제는 전혀 사랑하지 않으면서 "하나님, 사랑합니다!"라
고 고백하는 것은 빤한 거짓말이라고 해도 틀린 말이 아니다.

평소에 "나는 동물을 무척 좋아해"라고 말하던 사람이 어느
날 길에서 개가 다가오자 발로 차 쫓아버렸다고 하자.

그 광경을 본 사람들은 하나같이 '어라?' 하고 고개를 갸웃거리며, 늘 그가 외쳤던 '동물 사랑!'의 구호가 거짓이요 허풍이었음을 의심하게 될 것이다. 이렇듯 아무리 멋진 말과 미사여구를 늘어놓아도, 행동이 따르지 않으면 그것은 분명히 위선이다.

"우리 회사는 직원을 가족처럼 소중히 여깁니다." 하고 어깨를 으쓱이며 회사 자랑을 하지만, 정작 들여다보면 혹독하리만치 엄격한 사규를 내세우고 최대한으로 노동력을 탈취하는 기업주들이 또 얼마나 많은가.

이런 회사는 직원들이 하나둘씩 빠져나가고 안 좋은 소문이 퍼지면서 결국에는 도태되고 만다.

무엇보다 중요한 것은 언행일치다.

말과 행동이 어긋나면 자신에 대한 평가는 바닥으로 치닫는다. 화려하고 멋진 말을 하는 것도 좋지만 행동이 뒤따라 주지 않으면 아무 의미가 없다는 것을 명심하라.

인간은 자칫하면 말과 행동이 다른 우를 범할 수 있으므로, 늘 각별한 주의가 필요하다. 나 역시 실제로 말은 그럴듯하게 하면서도 몸이 따라 주지 않는 경우를 자주 본다.


인디아나 대학의 스티븐 샤먼Steven Shaman 교수가 "미국 암 협회에서 3시간의 자원봉사를 부탁한다면 여러분들은 어떻게 하시겠습니까?"라는 질문을 했더니 47.8퍼센트가 "기꺼이!"라고 대답했다. 그런데 사흘 후 실제로 자원봉사 부탁을 했더니 놀랍게도 불과 4.2퍼센트만이 응했다는 것이었다.

대부분의 사람들이 말만 앞서고 행동으로 보여 주지 못하고 있다는 극단적 사례라고 하겠다.

'나는 친절한 사람입니다.'

'저는 하나님의 사랑을 믿습니다.'

라고 입이 마르도록 자신을 자랑하고 고백하지만 실제로 행동하는 사람은 극히 적다. 많은 사람들이 말만 앞설 뿐 실제로는 움직이지 않는다.

우리가 믿는 것은 말이 아닌 행동이다. 만약 당신이 사람들로부터 믿음을 얻고 싶다면 말보다는 행동으로 보여 주기 바란다. 그것만이 당신의 가치를 높여줄 것이다.

성경에서 배우는 삶의 지혜 18
**신뢰는 말이 아닌 행동에서 비롯한다.**

# 19

# 어떤 상황에서도
# ' 오프<sup>OFF</sup> ' 상태는 안 된다

깨어 있으라 집 주인이 언제 올는지 혹 저물 때일는지, 밤중일는지, 닭 울 때일는지, 새
벽일는지 너희가 알지 못함이라 그가 홀연히 와서 너희가 자는 것을 보지 않도록 하라

마가복음 13장 35–36절

일단 미팅 시간에 맞추어 약속 장소에 도착하면 그 순간부터
'상대방이 벌써 오지는 않았겠지.' 하는 방심은 절대 금물이다.

다리를 꼬고 삐딱하게 앉아 있다거나 넥타이가 풀려 있다거
나 하는 모습을 상대방이 본다면 당신에 대한 평가는 뚝 떨어져
버릴 테니까.

상대방은 이미 100미터 앞에서 당신의 모습을 보고 있을지도 모른다. 그러니 일단 약속 장소에 도착하면 아직 상대가 오지 않았더라도 절대로 긴장을 늦춰서는 안 된다.

사람은 미팅하는 동안에는 말과 행동, 예절 등에 주의를 기울이다가도, 막상 혼자가 되면 긴장이 풀리면서 흐트러지기 십상이다. 회사 면접관 중에는 실제 면접시험보다 대기실에서 기다리고 있는 응시자의 모습을 더 비중 있게 관찰하는 사람도 있다. 긴장하지 않은 평소 모습을 보면 그 사람의 본성을 제대로 간파할 수 있기 때문이다. 그러므로 면접시험을 볼 때는 대기실에서부터 긴장의 끈을 놓아서는 안 된다.

《상대의 속마음을 꿰뚫는 코드 리딩》(큰나무, 2009)의 저자 릴리안 글래스Lillian Glass는 상대방의 속내를 알려면 그 사람이 긴장을 풀고 있을 때가 절호의 찬스라고 적고 있다.

예를 들어 회의 시간에 참석자들의 진짜 의견을 듣고 싶으면 회의 중이 아닌, 회의를 마치고 나오면서 들려오는 이야기에 귀를 기울여야 한다. 누가 어떤 의견을 갖고 있는지 정확하게 파악할 수 있기 때문이다.

그러므로 긴장해야 하는 순간이 오면 약속 장소뿐 아니라 대기실이나 미팅이 끝나고 나서 돌아가는 길에도 한동안은 주의를 기울이는 것이 좋다.

실제로 '드디어 끝났다!' 하고 마음을 놓아버리는 바람에 다 된 밥에 재를 뿌리는 경우가 종종 있다. 거래처 문을 나서자마자 아무 생각 없이 "이 회사 부장, 정말 나쁜 놈이야!" 하고 내 뱉어버렸다가 그 회사 직원이 듣고 부장에게 고자질하는 상황은 얼마든지 상상할 수 있는 일 아닌가. "낮말은 새가 듣고 밤말은 쥐가 듣는다"라는 말을 항상 의식해야 한다.

방송에서도 본 방송이 끝나고 광고가 나와도 TV 아나운서에게 잠시 긴장을 유지하라고 지시한다. 실제로 광고 화면으로 바뀌었다고 순간 방심하다가 아나운서 목소리가 마이크를 타고 나간다거나, 듣기 거북한 멘트가 흘러나오는 방송사고도 종종 일어나지 않는가.

릴리안 글래스의 지적처럼, 사람은 긴장의 끈을 놓을 때 진심을 털어놓는 경향이 있다. 그러나 언제 어디서 자신이 평가받을지를 모르니 항상 신중하고 조심하는 것이 좋다. 똑똑한 까마귀는 적이 보이지 않아도 잠시도 긴장상태를 늦추지 않는다고 한다. 사람도 녀석들의 신중함을 배워야 하지 않을까.

성경에서 배우는 삶의 지혜 19
**주위 사람은 당신의 '오프' 자세에서 속내를 읽는다.**

# 20

# '저 일은 내가 한 거야' 하고
# 자랑하지 말라

네가 채우지 아니한 아름다운 물건이 가득한 집을 얻게 하시며 네가 파지 아니한 우물을 차지하게 하시며 네가 심지 아니한 포도원과 감람나무를 차지하게 하사 네게 배불리 먹게 하실 때에 너는 조심하여 너를 애굽 땅 종 되었던 집에서 인도하여 내신 여호와를 잊지 말라고

신명기 6장 11—12절

사람은 공로나 업적을 이루면 순전히 자신의 능력 덕분이라고 자화자찬하는 경향이 있다.

'내가 열심히 했기 때문에 성공한 거야.'

'내가 그렇게 노력했는데 안 될 리가 없지.' 하고 단정지어 버린다. 물론 노력이야말로 성공을 결정짓는 원인이다. 하지만 뒤에서 음으로 양으로 도와주고 배려해 준 손길이 있었다는 것을 인정하고 감사하는 마음을 잊어서는 안 된다.

한 세대를 풍미한 위대한 기업가들의 자서전을 읽어 보더라도 절대 혼자 힘으로 이루어낸 것이 아니라는 것을 알 수 있다. 물론 본인도 피나게 노력했겠지만, 그를 뒷받침해 준 지지자들과 묵묵히 내조에 힘써 준 아내의 도움도 간과할 수 없는 요인이다. "집사람이 아니었다면 견디지 못했을 겁니다." 실제로 많은 경영자가 이렇게 회고하곤 한다.

뉴욕 주립 대학의 토마스 스탠리Thomas Stanley 교수가 미국의 부자들을 조사했더니, 억만장자가 된 사람들 대부분이 자신이 부자가 된 이유로 배우자의 도움을 꼽았다는 것이다.

스탠리 교수에 따르면 억만장자의 92퍼센트는 기혼자였고 이혼 경험도 없었다. 부부 사이가 좋을수록 오로지 일과 사업에만 매진할 수 있다는 것을 확인한 셈이다. 부부관계가 삐거덕거리는 사람이 사업에 성공했다는 이야기는 별로 들어본 적이 없다.

다시 말하면 배우자의 도움과 조언 없이는 성공하기가 힘들다는 뜻이다. 눈부신 성과를 이루어낸 사람에게는 든든히 자신을 지탱해 주고 도움을 준 '숨은 공로자'가 있었다는 사실을 명심하기 바란다.

그러고 보니 비틀즈가 세계적 그룹으로 명성을 떨친 배경에는 그 누구보다 민첩하고 완벽하게 그들을 리드해 준 매니저, 브라이언 엡스타인Brian Epstein의 존재를 빼놓을 수 없다.

비틀즈가 처음부터 유명세를 탔던 것은 아니다. 첫 앨범을 내기까지 무려 70개 회사에서 거절을 당했을 정도였다.

하지만 엡스타인은 비틀즈 음악에 대한 확신이 있었기 때문에 굴하지 않고 문을 두드리고 또 두드렸다. 결국 EMI 계열사 소속의 제작자를 설득하는 데 성공하여 음반 녹음 계약을 맺기에 이르렀던 것이다.

만약 비틀즈가 브라이언 엡스타인이라는 매니저를 만나지 못했다면 그들은 이미 존재하지 않았을지도 모른다. 그만큼 엡스타인의 역할과 비중은 엄청났다. 성공했더라도 '순전히 내 실력이야.' 하고 거만하게 굴어서는 안 된다. 당신의 성공을 바라고 응원해 준 사람들이 있다는 사실에 감사해야 한다. 그들이 아니었다면 당신의 성공은 아무도 장담하지 못했을 테니까.

---

성경에서 배우는 삶의 지혜 20
**당신의 성공은 주변 사람들 덕분이다.**

---

# Column 2

## 도움을 받아야 할 사람일수록 왜 도움을 받지 못하는 것일까?

무릇 있는 자는 받아 넉넉하게 되되 없는 자는 그 있는 것도 빼앗기리라

마태복음 13장 12절

세상에는 너무 어려워서 누군가의 도움을 간절히 바라는 사람들이 있다. 또 진심으로 관심과 애정이 그리운 이들이 있다. 하지만 정작 그런 사람일수록 외면당하고 소외되고 있다는 것은 어제, 오늘의 이야기가 아니다.

　반대로 그다지 도움이 필요하지 않은데도 주변에 사람들이 모여들고 관심과 애정의 대상이 되는 사람도 있다. 이렇듯 세상은 모순으로 가득하다.

　"네? 설마 그럴 리가……." 하며 의아해할지도 모르지만 분명한 사실이다.

네덜란드 흐로닝언 대학의 가뱅 반 델 베흐트Gavin Van der Vegt 교수는 96명의 학생을 4인 1조로 묶어서 연구 프로젝트를 실시했다. 이 프로젝트는 10월에서 12월에 걸쳐 진행하는 대형 프로젝트로, 그룹별로 과제를 정하고 실험과 연구까지 학생들이 직접 담당했다.

반 델 베흐트 교수는 이 연구에서 프로젝트에 임하는 학생들의 행동과 성향을 분석해 보는 실험을 시도했다. 그 결과, 우수한 학생일수록 멤버들의 호감을 사고 도움도 많이 받는다는 사실을 알았다. 반대로 조금 뒤떨어지는 학생은 멤버들의 도움을 거의 받지 못하는 상태였다.

정작 도움을 받아야 할 사람은 오히려 철저히 외면당하고 있다는 역설적인 상황을 목격한 것이다.

성경의 가르침도 마찬가지다. 많이 배우고 경제적으로도 넉넉한 사람이 오히려 성경 구절을 더 찾고 감동 받는다. 결국 그들은 더욱더 정신적으로 풍족해지고 성공 가능성도 커진다.

그런 점에서 본다면, 정말 가르침이 필요한 사람들은 정작 성경을 읽지 않는다. 그래서 혜택도 받지 못하는 것이다.

아이러니하게도 세상은 이렇게 돌아간다.

요즘 대학생들이 심각한 취업난에 시달리고 있다. 이미 몇 년

전부터 취업 빙하기라고 해서 전조 증상이 있기는 했지만, 최근 들면서 그 심각성은 깊이를 더해가고 있다.

그런데 재미있는 것은, 취업을 위해 이리저리 뛰어다니며 기업정보를 수집하고 설명회에 참석하는 사람은 오히려 '일류 대학 학생'이라는 점이다.

사실 신발이 닳도록 뛰어다녀야 할 사람은 이류, 삼류 대학생이 아닌가. 넋 놓고 있다가는 일류 대학 학생들을 도저히 따라잡을 수 없다는 것은 삼척동자도 아는 사실이다.

대학 지명도에서 이미 한 걸음 뒤처져 있기 때문에 그들보다 두세 걸음 부지런히 뛰어야 한다. 그럼에도 불구하고 일류 대학 학생들이 더 선전하고 있다는 것은 흥미로운 사실이 아닐 수 없다. 당연히 일류 대학 출신들이 좋은 직장을 선점한다. 진작 노력해야 하는 사람들은 손 놓고 있는 사이, 일류들은 앞만 보고 열심히 달리고 있는 것이다.

왜 이토록 역설적인 상황이 벌어지는지 도저히 이해할 수가 없다.

'빈익빈貧益貧, 부익부富益富' 구조가 사회 곳곳에서 심화되어 가는 것일까.

# CHAPTER 3

# 삶에 활력을 불어넣어 주는
# 10가지 지혜

# 21

# 불행도 '신이 주신 선물'이라고
# 생각하라

사탄이 이에 여호와 앞에서 물러가서 욥을 쳐서 그의 발바닥에서 정수리까지 종기가 나게 한지라 욥이 재 가운데 앉아서 질그릇 조각을 가져다가 몸을 긁고 있더니 그의 아내가 그에게 이르되 당신이 그래도 자기의 온전함을 굳게 지키느냐 하나님을 욕하고 죽으라 그가 이르되 그대의 말이 한 어리석은 여자의 말 같도다 우리가 하나님께 복을 받았은즉 화도 받지 아니하겠느냐 하고 이 모든 일에 욥이 입술로 범죄하지 아니하니라

욥기 2장 7–10절

힘든 일은 피하고 싶은 것이 인지상정이다. 사람은 누구나 불행

해지고 싶어 하지 않는다. 최대한 불행을 피하기 위해 안간힘을 쓴다. 그러다가 끝내 불행이 닥치면 하늘을 원망하고 신을 저주한다.

그러나 구약의 사람, 욥은 달랐다. 행복도 불행도 모두 하나님이 주시는 것이므로 "행복만 바랄 뿐, 불행은 필요 없다"고 말하지 않았다. 끔찍한 고통 속에서도 이토록 긍정적인 생각을 할 수 있었기 때문에 욥을 위대한 하나님의 사람이라고 칭송하는 것이다.

사람은 불행이 닥치면 '벗어나고 싶다'고 생각하기 마련이다. 또 그것이 당연하다. 그러나 불행이 꼭 나쁜 것만은 아니다.


워싱턴 주립 대학의 맥밀런McMillan 교수는 어릴 때 부모로부터 학대받았던 여성 154명을 대상으로 설문조사를 시행했다.

항목은 학대받은 경험이 '전혀 도움이 되지 않는다.', '조금은 도움이 된다.', '정말 유익했다.' 이 세 가지였다.

상식적으로 생각하면 학대를 받았다는 것 자체가 너무나 고통스럽고 불행한 기억이다. 그 어디에도 유익하다고 말할 근거가 없다.

하지만 맥밀런 교수가 조사한 바로는 무려 46.8퍼센트나 되는 여성이 '도움이 되었다'고 대답했을 뿐 아니라, 그중 24퍼센트는 '매우 유익했다'는 답변을 했다.

도대체 왜 학대받은 과거가 도움이 되었다고 생각하는지 묻자,

- 인간관계를 신중하게 생각할 수 있다.
- 자기 아이를 소중히 여기고 보호해 줄 수 있다.
- 학대에 대해 공부하게 되어 다양한 지식을 쌓게 되었다.
- 강인한 성격을 갖게 되었다.

등의 답변이 나왔다.


학대를 받았다는 사실은 불행이지만 그것을 통해 깨닫고 배울 수 있다면 더 이상 고통도 아픔도 아닐 수 있다. 설령 학창시절에 집단폭력과 따돌림을 당하며 고통 속에서 지냈더라도 '그 덕분에 이렇게 강하고 단단해졌다'고 한다면 유익하다고 할 수 있지 않을까.

포악한 상사 밑에서 단련된 덕분에 정신적으로 강인해진 샐러리맨도 있으리라.

불행한 일이 닥쳤을 때 '아, 난 이제 틀렸어'라고 포기하지 말고, 오히려 이 일을 성장할 수 있는 절호의 기회라고 생각해 보면 어떨까.

사업에 실패했다면 '하나님께서 다른 일을 해보라고 기회를 주시는 거야'라고 밝고 긍정적으로 생각해 보자.

불행을 불행으로 받아들이지 않는 가장 좋은 방법은 불행에 대한 나름의 '의미를 부여하는 것'이다.

'고통스러운 일'을 겪었어도 '여러 가지 좋은 교훈을 얻었다'고 말할 수 있다면 그것으로 대성공 아닌가.

성경에서 배우는 삶의 지혜 21
**'모든 불행에는 의미가 있다'고 생각하라.**

# 22

# 고민하는 시간은
# 성장의 시간이다

심령이 가난한 자는 복이 있나니 천국이 그들의 것임이요 애통하는 자는 복이 있나
니 그들이 위로를 받을 것임이요

마태복음 5장 3-4절

위의 구절을 조금 비꼬아서 말하면 '콤플렉스가 있는 사람은 실로
행복하리라. 그는 콤플렉스를 극복하기 위해 노력하면 끝내 훌륭
한 사람이 되리라.' 이런 의미로 해석할 수 있지 않을까.

알프레드 아들러Alfred Adler라는 정신분석학자는 사람은 '열등
감'이 있기 때문에 성장할 수 있다고 했다.

아들러와 견해를 같이 하는 학자들은 열등감이나 콤플렉스를 전혀 부정적으로 보지 않는다. 인간은 자신의 부족함을 채우기 위해서 부단히 노력하고 분발하는 존재이기 때문이다.

이를 가리켜 심리학에서는 '보상작용'이라고 부른다. 자신에게 단점이 있어도 신에게 감사하라. 단점, 고쳐야 할 점을 극복하려고 노력하다 보면 성공의 길이 열리기 때문이다.

역사적으로 보아도 소심하고 내성적이던 사람이 호탕하고 대범하게 변신한 예는 무수히 많다.

호조 도키무네北条時宗:가마쿠라 바쿠후 총리나 다테 마사무네伊達政宗:에도 시대의 무장 같은 인물은 어릴 때 소심하고 수줍음이 많았으며, 독일의 철혈 재상 비스마르크Bismarck도 어린 시절에는 파리도 무서워할 만큼 마음이 여렸다.

일본의 막부 체제를 종식시키고 근대 일본의 토대를 마련한 무사 겸 사업가인 사카모토 료마坂本龍馬 역시 겁쟁이라고 놀림을 받던 아이였다고 한다.

그러나 그들은 자신의 약점을 이겨내고 누구보다 뛰어난 용기와 강인함으로 무장하여 한 시대를 풍미했다. 만약 그들이 평범한 사람이었다면 현실에 안주한 채 성장의 기회조차 얻지 못하고 역사의 뒤편으로 사라지지 않았겠는가.

대중 앞에 서면 유난히 긴장하고 연신 식은땀을 적시던 사람이 훗날 웅변가가 되어 대중을 압도했다는 사례 역시 본인의 단점을 고치기 위해 안간힘을 쓰고 노력한 결과다.

그러고 보니 나 역시도 중학교 2학년 때까지는 공부에 전혀 흥미를 느끼지 못하던 열등생이었다. 시험을 보면 항상 평균 40점대. 특히 수학이 그렇게 어렵고 싫었다. 하지만 '이래서는 안 돼!'라는 생각으로 마음을 다잡고 죽기 살기로 공부에 매달린 덕분에 지금은 누구보다 공부의 맛을 느끼게 되었다. 만약 책 한 번 들여다보지 않아도 평균 50점 이상이 나왔다면 '이 정도면 됐어.' 하고 영원히 공부와는 담을 쌓았을 것이다.

그래서 나는 내가 열등생이었다는 사실이 마냥 감사할 따름이다. '고민'이 있다는 것은 그것을 해결하기만 하면 좀 더 자신의 발전 가능성이 커질 수 있다는 증거다.

당신도 고민을 행복하게 여기기 바란다. 고민이 없다면 개선하려는 노력도 없으므로 언제까지나 그 상태, 그 수준에 머무를 수밖에 없다. '고민거리가 있어서 너무 힘들어'라고 생각하지 말고 '고민이 있어서 참 감사해.' 하고 입버릇처럼 말할 수 있기를 바란다. 한결 긍정적이고 즐거운 마음이 될 수 있을 것이다.

성경에서 배우는 삶의 지혜 22
**'고민이 있다=문제점 발견'이라고 받아들이자.**

# 23

# 고통스러울 때는
# 성공한 자신의 모습을 상상하라

생각하건대 현재의 고난은 장차 우리에게 나타날 영광과 비교할 수 없도다

로마서 8장 18절

위의 성경 구절은 사도 바울이 로마 신자들에게 보낸 편지의 한 구절이다.

'분발하고 노력하는 것'은 반드시 '가치 있는 것'으로 다가온 다. '고생은 사서도 한다'고 하지 않았던가. 고생이야말로 장래 에 누릴 영광의 밑거름이요, '성공 열차 승차권'이라고 믿기 바 란다.

그러면 자신도 모르게 지금의 고통은 물거품처럼 사라져 버릴 것이다.

어느 운동선수가 텔레비전에 출연해서 이런 이야기를 했다.

자신은 근육통이 생기면 그렇게 좋을 수가 없다는 것이다. 이유인즉슨, 근육통이 온다는 것은 몸이 단련되고 있다는 증거인 동시에 '나의 능력이 향상되고 있다'는 사실이기 때문이라고 했다.

나 같은 사람은 근육통이 살짝만 와도 '아아, 너무 아프다.' 하면서 짜증이 났을 텐데, 이 선수의 이야기를 들어 보니 근육통은 무엇보다 내 몸이 강해지고 있다는 고마운 신호였던 것이다.

입시학원 선생님이 입시에 지쳐 있는 학생들에게 '조금만 더 힘을 내. 힘들면 힘들수록 합격했을 때의 기쁨이 클 거야!' 하고 격려를 한다.

곰곰이 생각해 보니 아무 고통 없이 공부하는 사람은 절절한 합격의 기쁨을 맛볼 수 없을 것 같다. 고통스럽지 않다는 것은 노력하지 않았다는 말이기 때문이다.

확신하건대 고통은 기쁨이라는 요리에 들어가는 가장 중요한 재료임이 틀림없다.

이런 심리실험이 있다.

회원 가입이 하늘의 별 따기만큼 어려운 모임과 누구나 마음만 먹으면 회원이 될 수 있는 모임이 있는데 이 각각의 모임에 들어가 활동하면서 얼마나 만족감을 얻는지 살펴보는 실험이다.

결과는, 힘겹게 들어간 모임의 사람들이 훨씬 만족도가 높았다. 회원 가입이 힘들었던 만큼 가입을 승인받았을 때의 기쁨은 몇 배로 크지 않았을까.

나도 사도 바울의 말처럼 사람은 고생을 많이 할수록 좋다고 생각한다. 왜냐하면 고생하면 할수록 훗날 행복해질 수 있기 때문이다. 일을 어중간하게 하면 재미가 없다. 심취하면서 일을 해야만 보람도 느끼고 진심으로 기쁨도 맛볼 수 있지 않겠는가.

수고하지 않고 땀을 흘리지 않으면 그것만큼 지루하고 재미없는 작업도 없다. 수고하기에 인생은 아름답고 즐거운 것이다.

성경에서 배우는 삶의 지혜 23
**근육통은 근육이 단련되고 있다는 증거다. 고통도 마찬가지다.**

# 24

## 노력은 반드시
## 보상받는다

내가 진실로 진실로 너희에게 이르노니 한 알의 밀이 땅에 떨어져 죽지 아니하면 한
알 그대로 있고 죽으면 많은 열매를 맺느니라

요한복음 12장 24절

예수가 십자가에 달리기 위해 예루살렘으로 향했을 때의 이야
기다. 나는 비록 이 땅을 떠나지만 설령 그렇게 되더라도 수많
은 사람들이 나의 가르침을 펼쳐 주리라는 의미다.

한 사람에 대한 평가는 그의 생전에 결정되지 않는다. 그가 세

상을 떠난 후에야 비로소 이런저런 평가가 이어지는 것이다. 예를 들어 고흐를 한 번 생각해 보자.

그는 살아있을 때 전혀 주목받지 못한 화가였다. 지금은 그의 작품이 어마어마한 평가를 받고 칭송받지만, 그가 살아있을 때 팔린 작품이라고는 달랑 〈의사 가셰의 초상〉 한 점뿐이었다는 사실을 아는 사람은 많지 않다.

〈멘델의 법칙Mendel's Law〉이라는 유명한 유전 법칙을 발견한 멘델도 그가 죽은 후 몇십 년이 지나도록 그 업적을 인정받지 못했다. 멘델은 원래 무명의 수도사인데다가, 자신의 논문을 이름 없는 잡지에 발표했기 때문에 평가가 늦어져 버리는 불운을 겪었다.

코페르니쿠스의 〈지동설地動說〉도 마찬가지다. 그의 주장이 이론으로 받아들여진 것 또한 그가 세상을 떠난 이후의 일이다. 비록 생전에는 인정받지 못하더라도 후세 사람들이 자신을 평가해 주리라는 믿음만 있다면 전혀 개의치 않아도 되지 않을까.


캔자스 대학의 슈나이더Schneider 교수는 500여 명의 성인을 2년에 걸쳐 추적조사했는데, 긍정적이고 희망 속에 사는 사람은 비록 생각대로 일이 풀리지 않아도 좌절하지 않고 정력적으로 목표를 향해 달려갈 수 있다는 결론을 얻었다.

희망을 버리지 않는 사람은 정신적으로 안정될 수 있다.

억지처럼 들릴지 모르지만, '언젠가는 인정해 주겠지.' 하고 포기만 하지 않으면 끊임없이 노력할 수 있다.

물론 나의 솔직한 심정은 살아 있는 동안 인정도 받고 싶고 성공도 하고 싶다. 하지만 뜻대로 되지 않는다고 해서 쉽게 포기해서는 안 된다. 즉, 미래에 대한 희망을 놓지 말아야 한다는 뜻이다.

기대한 만큼 평가를 받지 못한 경우도 마찬가지다. 꼭 내가 아니더라도 나의 아들과 딸이, 나의 제자가 훌륭하게 자라준다면 나는 '저 사람의 아버지', '저 사람의 스승'으로서 높은 평가를 받게 되지 않겠는가.

행복은 멀리 있는 것도 아니고 그리 어렵지도 않다.

미래에 대한 희망의 끈을 놓지 않으면 된다.

라틴 속담에 "부지런한 농부는 열매가 달리는 것을 볼 수 없는 나무를 심는다"는 이야기가 있다고 한다. 기르는 과정만 즐길 뿐, 결과는 다음 세대의 몫으로 남겨 둔다는 뜻이다.

어린 포도나무가 달콤한 와인으로 재탄생하는 것은 '농부가 세상을 뜬 후가 되겠지'라고 생각한다면 아무리 힘겹고 어려운 일도 즐겁게 할 수 있지 않을까.

---

성경에서 배우는 삶의 지혜 24
**분명히 하나님께서는 지켜보고 계신다.**

# 25

# 노력은 보이지 않는 곳에서
# 계속되고 있다

너희를 위하여 보물을 땅에 쌓아 두지 말라 거기는 좀과 동록이 해하며 도둑이 구멍을 뚫고 도둑질하느니라 오직 너희를 위하여 보물을 하늘에 쌓아 두라 거기는 좀이나 동록이 해하지 못하며 도둑이 구멍을 뚫지도 못하고 도둑질도 못하느니라

마태복음 6장 19~20절

흔히들 오사다하루王貞治 감독은 '노력하는 사람', 나가시마 시게오長嶋茂雄 감독은 '타고난 천재'라고 한다.

그러나 나가시마 감독이 전혀 노력을 하지 않는 사람이냐고 하면 그렇지 않다. 사람들 앞에서 노력하는 모습을 안 보였을

뿐, 숨은 곳에서는 피나는 훈련을 거듭했다고 한다.

자칫 잘못 생각하기 쉽지만, 노력하지 않는 '천재'란 있을 수 없다. 천재도 사람이 보지 않는 곳에서 피나는 노력을 하고 있다는 사실을 명심해야 한다.

바꿔 말하면 아무도 모르게 피땀 흘리는 사람이야말로 초일류 천재가 될 수 있다는 뜻이다.

남들이 보는 앞에서 열심히 하는 사람은 아마추어다. 프로가 사람들 앞에서 땀을 뻘뻘 흘리며 훈련하는 모습을 본 적 있는가. 상상만으로도 조금은 낯설게 느껴질 것이다. 이처럼 프로는 아무도 없는 곳에서 혹독하게 훈련을 거듭하며 자신을 채찍질한다.


나는 그것을 중학교 때 깨달았다.

우리 학년에서 가장 공부를 잘하는 수재와 친하게 지냈는데, 녀석은 학교에서 매일 만화책이나 들여다보고 텔레비전 프로그램 이야기만 하며 잡담을 늘어놓았다.

나는 그 친구의 뇌 구조가 나랑 달라서 이렇게 쉬엄쉬엄 놀아도 공부를 잘할 수밖에 없다고 생각했다. 그러나 그것은 나의 착각이었다. 녀석에게 머리가 좋아서 부럽다고 말하자,

"아니야, 내가 집에서 얼마나 죽어라 공부하는데. 집에서 공

부만 하니까 학교에서는 친구들과 수다도 떨고 싶고 만화책도 읽고 싶은 거야"라고 대답하는 것이었다.

공부를 하지 않고 성적이 잘 나올 리는 없다. 다만 그 친구는 공부하는 모습을 보이지 않았을 뿐이었다. 아무도 없는 곳에서 그토록 열심히 노력한 그 녀석이 수재가 되는 것은 당연한 이치였다.

펜실베이니아 대학의 안젤라 덕워스Angela Duckworth 교수는 25세에서 65세 성인 2천 명을 대상으로 조사한 결과, 결과에 집착하지 않고 꾸준히 노력하는 사람일수록 어떤 분야에서든 성공할 확률이 높다는 사실을 규명했다.

그녀가 말한 바로는 '재능'보다 '지속력'이 더 중요하다는 것이다. 노력을 지속할 수 있는 능력이야말로 성공의 문을 여는 열쇠다.

만약 당신이 특별한 재능을 원한다면 아무도 없는 곳에서도 부단히 노력할 수 있는 재능을 갈망해야 한다. 그런 재능을 가진 자만이 무슨 일이든 성공할 수 있기 때문이다.

부모님이 지켜보고 있어서, 상사가 감시하고 있어서 어쩔 수 없이 열심히 하는 척하는 것이 아니라, '아무도 없는 곳'에서도 열심히 최선을 다하자. 프로들은 하나같이 그렇게 자신을 다스리고 있다는 사실을 기억하자.

성경에서 배우는 삶의 지혜 25
**재능이 없어도 '지속하는 힘'이 있다면 크게 성공할 수 있다.**

# 26

## 꿈은 이미 이루어졌다고
## 생각하라

그러므로 내가 너희에게 말하노니 무엇이든지 기도하고 구하는 것은 받은 줄로 믿으라 그리하면 너희에게 그대로 되리라

마가복음 11장 24절

이 성경 구절은 암시 능력을 유효 적절하게 활용하기 위한 테크닉이다. 물론 과학적으로도 증명된 방법이다.

'언젠가는 최고가 되겠지.'

간절히 소망하기만 한다고 해서 최고가 되는 것은 아니다.

'나는 지금 최고야!' 이렇게 자기암시를 하고, 이미 최고가 된

것처럼 행동하면 정말 최고가 된다는 이야기다.

이미 그렇게 되었다고 믿어버리면 행동도 말투도 최고처럼 변해 간다. 지갑이 넉넉하지 않아도 별 다섯 개짜리 호텔에 묵고, 비행기를 탈 때도 가슴 쫙 펴고 일등석을 예약하다 보면 신기하게도 정말 일류가 되어 있더라는 것이다.

소망을 이루고 싶다면 이미 이루었다고 믿어야 한다. 확신하지 않으면 암시 능력은 작용하지 않기 때문이다.

눈 앞에 산더미처럼 일이 쌓여 있을 때, '내가 과연 할 수 있을까?' 하고 고개를 저으면, 마무리는커녕 정리정돈도 힘들다.

이럴 때는 차근차근 정리하면서 이미 일을 다 끝내 버린 자신의 모습을 상상해 보라.

'일주일이면 충분해'라고 생각하면 실제로도 일주일 만에 일을 마칠 수 있고, '아무래도 한 달은 걸리겠는데……' 하고 머리만 긁적이고 있으면 정말 한 달은 걸려야 일을 마치게 된다. 자기암시를 걸어 준 그대로 결과가 나타나기 때문이다.

애리조나 대학의 제프 스톤Jeff Stone 교수는 골프를 쳐본 적 없는 남녀 학생들을 모아서, 반은 '나는 골프를 잘 칠 수 있어'라고 암시를 걸고, 나머지 반은 '나는 골프에 재능이 없어'라는 자기암시를 걸어 주었다.

그런 다음 실제로 골프장에 나가서 게임을 하게 했더니 '나는 할 수 있어!'라고 암시를 걸었던 그룹이 훨씬 적은 타수로 이겼다는 것이다.

자기암시의 위력은 실로 대단하다.

자기암시 효과를 높이고 싶다면 '이미 꿈이 이루어진 장면'을 상상하라.

작가가 되고 싶으면 베스트셀러 작가가 되어 마감을 앞두고 분주히 집필하는 모습을 떠올려 보는 것이다. 그렇게 하면 정말 작가가 될 수 있다. 나도 실제로 그렇게 해서 작가의 꿈을 이루었다.

학자를 꿈꾼다면 책장으로 둘러싸인 서재에 앉아 있는 자신을 상상해 보면 어떨까. 상상의 힘으로 자기암시를 걸면 정말 꿈을 이룰 수 있다.

'○○가 되면 좋겠다'가 아니라 이미 그렇게 되어 있는 자신을 그려 보기 바란다. 그러면 암시 효과도 훨씬 높아질 것이다.

성경에서 배우는 삶의 지혜 26
**'나는 할 수 있어.' 하고 암시를 걸면 엄청난 파워가 솟아난다.**

# 27

# 내일 일을
# 염려하지 말라

내일 일을 위하여 염려하지 말라 내일 일은 내일이 염려할 것이요 한 날의 괴로움은
그 날로 족하니라

마태복음 6장 34절

고민하면 할수록 좋은 해결방법이 나온다면 얼마나 좋을까.

그러나 현실은 그렇지 않다. 고민하면 할수록 해결책이 떠오
르기는커녕, '고민해 봤자 헛고생'이라는 말만 나오는 경우가
다반사다. 왜 고민하는 일이 헛고생일까? 사람은 하루 아니 단
한 시간 뒤의 일도 예측할 수 없기 때문이다. 과학적이라는 일

기예보도 번번이 어긋나는데 하물며 사람의 일을 어찌 가늠할 수 있을까. 전전긍긍 고민해 봤자 소용없다는 뜻이다.

'내일 미팅에서 고객과 상담이 잘되야 할 텐데……' 아무리 고심해도 결국 그 열쇠는 상대방이 들고 있기 때문에 도저히 예측할 수 없다. 물론 미팅 준비는 철저히 해야 하지만, 고객이 수락할까 안 할까 같은 문제까지 고민하는 것은 아무 의미가 없다. 단순히 시간이나 보내려는 의도라면, 즐거운 상상도 얼마든지 있지 않은가.

"맞는 말이기는 하지만 생각하지 않으려고 해도 자꾸만 생각이 나서요." 하고 볼멘소리를 하는 독자도 있을 것이다. 도대체 어떻게 하면 앞일에 대해 전전긍긍하지 않을 수 있을까.

미국 에디슨 커뮤니티 칼리지의 마이클 포다이스Michael Fordyce 교수는 17세부터 50세까지 남녀 202명을 '해피 프로그램Happy Program'에 참가하도록 했다. 이 프로그램은 약 2주에 걸쳐 진행되었으며, 근심과 불안을 없애 주는 내용으로 이루어져 있었다.

그 결과 천성적으로 부정적이고 걱정을 사서 하는 스타일이었던 참가자 가운데 무려 90퍼센트가 개선 효과를 보았다는 것이다. '해피 프로그램'이 추구하는 바는 다음과 같았다.

• 혼자 고민하지 말 것. 고민할 거라면 다른 사람에게 말할 것.

- 사교적이 될 것.

- 고민하지 말고 행동으로 옮길 것.

- 너무 높은 곳을 바라보지 말 것.

- 낙관적이 될 것.

- 계획적으로 생활할 것.

- 현실지향적인 사고방식을 가질 것.


더불어 마이클 교수는 '매일 내가 하는 일 중에 가장 즐거운 것만 추구하라'고 역설한다.

위 내용을 당신의 생활지침으로 삼을 수 있다면 의미 없는 일로 전전긍긍하던 성격을 고칠 수 있을 것이다.

미래에 대해 부정적이고 우울한 생각만 하면 점점 비관적인 사람이 되어 버린다. 그런 사람이 인생을 즐겁게 살 수 있을까.

내일 일은 내일 생각하고 오늘을 위해 최선을 다하라.

비관적인 사람은 내일 일은 물론이고 5년 후, 10년 후의 일까지 끄집어내서 고민하고 괴로워한다. 이 얼마나 재미없고 고통스러운 삶인가.


성경에서 배우는 삶의 지혜 27
**미래에 대한 불안보다 현재의 행복에 주목하라.**

# 28

# 낯선 이를
# 진심으로 대하라

손님 대접하기를 잊지 말라 이로써 부지중에 천사들을 대접한 이들이 있었느니라

히브리서 13장 2절

성경에 보면 "나그네를 홀대하지 마라"는 표현이 자주 나온다. 나그네란 나와 한 번도 만난 적 없는, 모르는 척 지나쳐도 아무 상관없는 사람을 가리키는 말이다. 그런 사람을 굳이 친절하게 대하지 않는다고 해서 나무랄 사람은 없다.

하지만 예수는 그런 사람에게조차 친절하게 대하라고 가르친다.《샐러리맨 긴따로》라는 만화책이 있다.

주인공인 긴따로는 원래 폭주족 리더였다. 어느 날 곤경에 빠진 할아버지를 도와주었는데, 그 할아버지는 바로 대기업 총수였던 것이다. 그 일을 인연으로 폭주족 리더가 샐러리맨으로 변신하면서 겪게 되는 에피소드를 그린 작품이다.

만화 속 스토리일 뿐이라고 하면 할 말이 없지만, 어쨌든 나와 관계없는 사람에게 친절을 베푸는 것은 전혀 나쁜 일이 아니다. 공원 벤치에서 가슴을 움켜잡고 고통스럽게 신음을 토하는 사람이 있다고 하자. 이때 다른 사람들은 모두 못 본 척 지나가는데, 당신이 구급차를 불러서 그 사람을 구했다면 어떻게 될까?

그 사람은 분명히 당신을 생명의 은인으로 여기고 평생 감사하며 살 것이다.

만에 하나 그 사람이 어느 기업의 임원이라도 된다면 그것을 계기로 절호의 기회를 맞이하게 될 수도 있다. 현실적으로 얼마든지 있을 수 있는 일 아닌가.

'그럴 확률은 거의 없어!' 이렇게 생각할지도 모른다.

물론 그렇게까지 비약해서 생각할 필요는 없다. 하지만 매사를 이렇게 긍정적으로 생각하게 되면 귀찮은 일도 기쁜 마음으로 할 수 있지 않을까.

사회는 우리가 생각하는 것 이상으로 훨씬 '좁은 곳'이다.

미국 스탠퍼드 대학의 스탠리 밀그램Stanley Milgram 교수가 제창한 〈6단계 분리 이론Six Degrees of Separation〉을 들어본 적 있을 것이다. 전혀 알지 못하는 사람이라도 6명을 거치다 보면 사람들 대부분이 연관되어 있다는 이론이다.

이를 가리켜 '스몰 월드Small World 현상'이라고 부른다.

예를 들면 누군가를 만나고 싶을 때, 그와 가장 가까울 것 같은 사람에게 다가가 "혹시 ○○○와 조금이라도 연관되어 있는 분을 아시나요?" 하고 6명 정도만 물어보면서 범위를 좁혀가다 보면 결국 만나려고 했던 그 사람을 만날 수 있다는 것이다.

결론적으로 말해서 누구에게나 최대한 친절하게 대하는 것이 좋다는 이야기다.

성경에서 배우는 삶의 지혜 28
**지금 눈앞에 있는 사람이 당신의 성공 열쇠를 쥐고 있을지도 모른다.**

# 29

# 늙고 힘이 없어도 포기하지 말고
# 새로운 세상을 꿈꾸라

여호와께서 아브람에게 이르시되 너는 너희 고향과 친척과 아버지의 집을 떠나 내가
네게 보여 줄 땅으로 가라

창세기 12장 1절

구약성경에 등장하는 아브람은 신앙의 아버지로 불리는 인물이
다. 그는 하나님의 명령으로 75세라는 나이에 고향을 떠나 새로
운 땅을 향한다.

75세라면 노년에 해당하는 나이가 아닌가. 그럼에도 하나님
의 말씀을 따라 정처 없는 여정에 올랐다는 것은 대단한 용기가

아닐 수 없다.

평생을 지내온 고향을 등지고 새로운 터전을 찾아 나선다는 것이 어지간한 용기로 가능할까. 그러나 아브람은 새 땅을 찾아 나서면서 '새로운 자신'도 발견할 수 있었다.

사람은 항상 새로운 곳으로 뛰어들어야 한다.

이과 계열은 어떨지 모르지만 문과 계열 대학원에 진학하는 사람은 대부분 학자로 방향을 잡는다. 하지만 나는 학자가 아닌 작가가 되었다. 출판이라는 신천지로 뛰어든 것이다.

주변 사람들은 내가 "작가가 될 거예요!" 하고 말하자 깜짝 놀라며 이구동성으로 "그만둬, 왜 그런 모험을 하려는 거야?"라며 극구 만류했다. 일반적인 상식으로 본다면 학자가 되는 편이 훨씬 안정적이고 명성에도 걸맞았다.

반면에 출판업계에서 살아간다는 것은 보통 힘든 일이 아니었고, 생활 자체가 가능할지도 의문이었다. 그러나 나는 지금도 출판세계에 발 디디기를 잘했다고 생각한다. 이 세계에는 너무나 다양한 사람들이 있어서 아무리 만나고 또 만나도 도무지 질리지가 않기 때문이다.

성실한 사람이 있는가 하면 놀기 좋아하는 사람도 있다. 실로 무궁무진한 세계다. 십인십색十人十色이라는 말을 고스란히 실감할 수 있어서, 워낙 사람 사귀기를 좋아하는 나로서는 이만한 곳이 없다. 이직移職도 마찬가지다.

보통 회사를 옮기면 먼저 회사보다 월급이 줄어들 수밖에 없다. 하지만 새로운 곳에서 새로운 인간관계를 즐기는 사람은 새로운 일에 대한 만족도도 훨씬 높다. 급여 액수보다 자신에게 맞는 인간관계를 누릴 수 있다면 그보다 더 큰 행복이 있을까.

사람은 익숙한 곳에 있어야 마음이 놓인다.

새로운 세상으로 눈을 돌리려면 어지간한 용기로는 엄두도 내지 못한다. 그에 따른 위험부담도 크다. 하지만 그렇기 때문에 스릴 넘치고 즐거운 인생을 누릴 수 있는 것이다.

언제까지나 젊고 활력 넘치게 살고 싶다면 오래된 껍데기는 벗어던져야 한다.

아브람은 75세에 길을 나섰다. 아무리 나이를 먹고 쇠해져도 아브람 같은 젊음과 정열을 누리고 싶은가.

그렇다면 새로운 땅을 향해 발을 내딛어라. 지금까지 몰랐던 새로운 자신을 만날 수 있으리라.

성경에서 배우는 삶의 지혜 29
**인생은 위험부담이 있어야 즐겁다.**

# 30

# 누가 쫓아온다고 해도
# 도망가지 말라

혼자 앉아서 잠잠할 것은 주께서 그것을 그에게 메우셨음이라

예레미야애가 3장 28절

예레미야애가는 기원전 6세기경, 바벨론의 침략으로 초토화가
된 예루살렘과 유대 민족의 고난을 슬퍼하는 노래다.

선택받은 민족이라는 자부심은 온데간데없이 사라지고 미래
에 대한 희망도 끊겨버린 유대 민족. 적들이 몰려오지만 더 이상
도망갈 곳도 없다. 허둥지둥 도망쳐 보았자 소용이 없는 것이다.

그럴 때는 그저 묵묵히 견뎌야 한다.

사람들은 '그저 묵묵히 견디는 것'을 너무 고통스러워한다.

물론 그 자체만 보면 틀린 말이 아니다. 그러나 그런 상황이 닥치면 당황하지 말고 자신을 단련시키기 위한 기회라고 생각해야 한다. 더 강해지고 단단해질 수 있는 기회라고 여기면 어떤 고통도 견딜 수 있지 않을까.


콜롬비아 대학의 월터 미셸Walter Michelle 교수에 따르면 '자아가 강한' 아이일수록 학업 성취욕이 강해서 유능한 사회인으로 성장할 수 있다는 연구결과를 발표했다.

어릴 때부터 힘겨운 고비를 견뎌 왔기 때문에 어른이 되어서도 거뜬히 이겨낼 수 있는 것이다. 아이가 사달라는 대로 다 사주는 부모는 아이를 망친다. 그런 부모는 참고 기다리게 하는 것이 진정 아이를 위한 일임을 모른다. '견디는 것'을 단순히 고통이라고만 생각하면 안 된다. 아이에게 인내하고 견디는 경험을 하게 해 주는 것이야말로 제대로 된 교육이다.

뿐만 아니라 미셸 교수는 다양한 실험을 통해 '인내'가 성장하는 과정에서 '만족도'를 높이는데 매우 큰 도움을 발휘한다는 결과도 얻어 냈다. 각각의 남녀 유치원생 25명에게 장난감과 케이크를 앞에 두고도 손을 대지 않고 참게 하는 실험을 했다.

그 결과, 보수가 늦어지면 늦어질수록 다시 말해서 오래 참으면 참을수록 장난감과 케이크를 손에 넣었을 때의 만족도가 월등하게 높았다는 것이다.

손만 뻗으면 얻을 수 있는 장난감은 아무 가치가 없지만, 참고 참다가 손에 넣은 그것은 너무도 귀하고 값지게 느껴질 수밖에 없다.

세상이 점점 인스턴트와 쾌락주의를 향해 달려가고 있다. 주변을 둘러보면 온통 '기다림'과 '인내'를 배울 겨를도 없이 즉각적으로 욕구를 충족시켜 주는 상품 일색이다.

그러나 명심해야 할 것이 있다. '인내'야말로 훗날 마음껏 행복감에 젖을 수 있게 해 줄 최고의 원료라는 것을 잊지 말아야 한다. 즉 간단히 얻을 수 있는 것이라도 최대한 자제하고 초조하게 만들어야 한다는 것이다. 그래서 나는 탐나는 물건이 있어도 곧바로 사지 않고 스스로 참고 기다린다.

'아직 안 돼, 아직 사면 안 돼.'

이 방법이야말로 원하는 물건을 손에 넣었을 때 큰 기쁨을 누릴 수 있게 해 줄 수 있는 최고의 묘책인 것 같다.

성경에서 배우는 삶의 지혜 30
**초조하게 만들수록 행복감이 커진다.**

# 기도에도
# 방법이 있다

하나님께 소원을 빌 때 올바른 기도 방법이 있다는 사실을 알고 있는가.

'네? 기도에도 방법이 있다고요?' 하고 의아해할지 모르지만 기도하는 방법은 여러 가지가 있다. 뿐만 아니라 효과를 볼 수 있는 비법도 있다.

알기 쉽게 예를 들어 보자.

당신이 무거운 짐을 들고 길을 걷고 있다면 하나님께 어떤 기도를 드리겠는가. 그거야 당연히 "하나님, 이 짐을 좀 가볍게 해 주소서." 하고 해야지요.

대부분의 사람들이 이렇게 생각할 것이다. 그러나 그런 기도는 하나님께서 들어주시지 않는다.

올바른 기도는 "하나님, 이 짐을 거뜬히 들 수 있는 강한 체력을 주소서." 이렇게 해야 한다.

이런 기도는 미국의 26대 대통령이었던 시어도어 루스벨트 Theodore Roosevelt가 적극 권장한 방법이기도 하다.

도저히 감당할 수 없는 일을 맡았을 때도 마찬가지다.

우리는 보통 "하나님, 이 일을 좀 줄여 주세요." 하고 기도할 것이다. 그러나 부정적이고 과거지향적인 기도는 하나님께서 외면하신다. "하나님, 이 정도 일은 아침 식사 시간이 되기 전에 처리할 수 있을 만큼의 능력을 주소서." 이렇게 기도해야 한다.

즉 '나쁜 것을 없애 달라'가 아니라 '좋은 것, 강한 것을 주소서'라고 간구해야 한다는 뜻이다.

심리학적으로 볼 때도 자기암시를 걸 때는 부정적인 방향이 아니라 긍정적이고 진취적으로 접근하는 편이 훨씬 암시 효과를 높여 준다.

몸이 아플 때도 '고통을 없애 주세요.', '고통아, 좀 사라져 줘라.' 하고 사정하기보다 '점점 편안해진다.', '서서히 고통이 사라지고 있어.' 이렇게 암시를 걸어 주는 것이 좋다.

자신의 소망을 이루고 싶다면 반드시 그 실현 방법을 알아 두어야 한다.

하나님께서는 당신의 기도에 반드시 응답하시리라.

# CHAPTER 4

# 비즈니스를 성공으로 이끄는
# 10가지 지혜

# 31

# 작은 일이야말로
# 가치가 있다

그대의 입을 땅의 티끌에 댈지어다 혹시 소망이 있을지로다

예레미아애가 **3**장 **29**절

여기서 말하는 '티끌'이란 가치 없는 것, 버림받아 마땅한 것이라는 의미로, 아무리 보잘것없는 것이라도 함부로 내쳐서는 안 된다는 가르침이다.

석유를 예로 들어보자. 지금은 현대 문명 발달에 절대로 없어서는 안 되는 귀한 석유지만, 과거에는 물처럼 마실 수도 없고

조금만 취급을 잘못하면 불이 붙어버리는 등 아무짝에도 쓸모가 없다고 해서 특히 사막에 사는 사람들은 '악마의 물'이라고 부를 정도였다.

그런데 그런 악마의 물을 석유로 가공할 수 있다는 사실이 밝혀지면서 그 부가가치는 실로 엄청나게 부상했다.

사람들이 눈길도 주지 않고 아무도 하고 싶어 하지 않는 분야라고 해서 외면하기 쉽지만, 오히려 그 속에서 절호의 기회를 노릴 수 있다. 정말 "그대의 입을 땅의 티끌에 댈지어다. 혹시 소망이 있을지로다"라는 성경 구절이 딱 맞아떨어지는 상황이 발생할 수도 있다.

다이아몬드나 금괴처럼 첫눈에 보기에도 그 가치를 알아차릴 수 있는 것은 탐내는 사람들이 워낙 많아서 경쟁도 치열하다. 그러나 티끌은 아무도 거들떠보려 하지 않는다.

바로 거기가 급소다.

예전에는 과자 봉지에 달린 장난감 같은 것은 쳐다보지도 않았다. 나도 어릴 때 과자 봉지에 장난감이 붙어 있으면 쓰레기통에 휙 던져버렸던 기억이 난다.

그런데 요즘 아이들은 오히려 그 장난감 때문에 과자를 사고 햄버거 세트를 주문한다. 가격대가 상당한데도 아예 시리즈별로 수집하는 아이들이 있을 정도다. 상황이 이렇다 보니 '어릴 때 버리지 말고 모아둘 걸.' 하는 후회가 몰려온다.

비즈니스에서는 아무도 도전해 보지 않은 분야나 모두가 외면하는 품목을 찾아내는 것이 포인트다. 인기 있고 흥미로운 분야는 이미 다른 사람들이 차지하고 있기 때문에 아무도 시도해 보지 않은 영역에 도전하는 편이 성공 확률이 높다.

처음부터 동종 업체와 경쟁하고 신경전을 벌이다 보면 스트레스 지수만 높아진다. 물론 경쟁 자체에서 쾌감을 느끼는 사람도 있겠지만, 체질적으로 안 맞는 사람도 있다.


미국 롤링즈 대학의 존 휴스톤John Huston 교수는 '경쟁을 즐기는 것'에 대한 국제적 비교 실험을 했다. 그 결과, 미국과 중국 사람은 경쟁을 좋아하고 즐기는데 반해 일본 사람은 되도록 경쟁을 회피하려는 경향이 강한 것으로 나타났다. 대부분의 일본 사람은 다른 사람과 갈등하거나 경쟁하기를 좋아하지 않는다.

그렇다면 굳이 경쟁하지 않아도 되는 분야로 눈을 돌리면 된다. 사업할 때도 다른 회사와의 경쟁을 피하고 싶다면, 아무도 시도해 보지 않은 독창적인 분야에 손을 대라.

나로 말할 것 같으면 대학교 때 성적이 전부 A였다. 그럴 수밖에 없는 것이, 내가 수강하는 과목은 다른 학생들에게 전혀 인기 없는 교수의 강의로 한 명 내지 두 명이 수강신청을 한 강의만 골라서 들었기 때문이다.

그런 강의를 들으면 성적이 좋고 나쁘고는 나중 문제고, 출석만 잘해도 무조건 A를 준다는 장점이 있다.

경쟁하지 않으면 손쉽게 1등을 차지할 수 있다.

정상에 서는 것처럼 기분 좋은 일이 또 어디 있는가. 경쟁하면서 스트레스를 받고 위장병에 걸리느니, 경쟁 대상이 없는 분야를 찾는 것이 최선책이다.

# 32

# 사람은 누구나
# 소중하고 가치 있는 존재다

만일 온 몸이 눈이면 듣는 곳은 어디며 온 몸이 듣는 곳이면 냄새 맡는 곳은 어디냐

고린도전서 12장 17절

인간의 몸 가운데 필요 없는 기관은 하나도 없다. 눈이 더 중요
하고, 코가 더 필요하고, 입이 더 특별한 것이 아니라 모두 없어
서는 안 될 중요한 기관이다.

세상에는 눈에 띄는 사람도 있지만 그림자처럼 살아가는 사
람도 있다. 남들이 보기에 두드러지는 사람은 우쭐거리는 경향

이 강하고, 이렇다 하고 내놓을 것이 없는 사람은 쉽게 잊혀진다. 하지만 쉽게 잊혀진다고 해서 그 사람 자체가 가치 없는 존재는 아니다.

"회사에서 제 존재는 아주 작은 톱니바퀴 정도에 불과해요. 정말 비참합니다." 하면서 한숨을 내쉬는 사람이 있는데, 참 어처구니없는 소리다. 아무리 작은 톱니바퀴라도 그 부속품 하나가 빠지면 작동 자체가 멈춰버리는 것을 모른단 말인가.

야구에서 가장 주목을 받는 포지션은 투수다.

그렇다고 해서 야구부 9명 전원이 모두 투수를 한다면 어떻게 될까. 그 팀은 더 이상 야구부가 아니다. 타자 중에서도 4번 타자가 가장 주목을 받지만, 2번 타자나 7번 타자는 필요가 없느냐 하면 절대로 그렇지 않다.

요미우리 자이언츠와 주니치 프로 야구선수로 활약했던 가와이 마사히로川相昌弘는 타자로서는 빛을 발하지 못했지만 보내기 번트만큼은 타의 추종을 불허할 정도로 뛰어난 선수였다.

자신을 희생해서 주자를 진루시키는 기술은 그 누구도 흉내낼 수 없을 정도였다. 그는 통산 533개의 희생타라는 전무후무한 기록을 세웠으며, 지금도 '보내기 번트의 신'으로 불리워지고 있다.

어떤 업종이나 분야든 플래시를 받지는 못하더라도 묵묵히 자신의 위치에서 최선을 다하면 누구도 따라올 수 없을 만큼 훌륭한 성과를 올릴 수 있다. 사람은 누구나 귀중하고 가치 있는 존재이므로, 기죽지 말고 가는 길을 꾸준히 가는 것이 중요하다.

사회와 조직은 기본적으로 사람과 사람이라는 네트워크로 이루어져 있다. 네트워크에서는 한 부분이 빠지면 전체에 심각한 영향을 미친다.

'저 사람은 우리 회사에 필요 없어'라고 해서 단칼에 해고해 버린다면 네트워크 전체에 심각한 후폭풍이 닥친다.

미국 베리 대학의 수잔 피셔Susan Fischer 교수는 20명으로 구성된 네트워크에서 한 사람을 해고했을 때, 수치상으로는 5퍼센트의 인력이 감소되었을 뿐이지만, 조직 전체로 보면 무려 50퍼센트나 효율이 떨어진다고 경고한 바 있다.

'필요 없는 사람은 없다.'

'가능하면 뛰어나고 싶다.'

'가능하면 주목을 받고 싶다.'

충분히 이해가 가는 대목이다. 신체 가운데 뇌나 팔, 다리 같은 기관은 고급스럽고, 항문 같은 기관은 조금 볼품없다고 느끼는 마음은 이해할 수 있다. 하지만 그렇다고 해서 항문 없이 살아갈 수 있을까.

사회도 마찬가지다. 항문 역할을 하는 사람이 없다면 그 조직은 완전할 수가 없다는 것을 정확하게 이해해야 한다.

요즘 유치원이나 초등학교에서 연극발표회를 할 때, 예를 들어 신데렐라를 무대에 올리기로 했다면 너도나도 신데렐라를 하려고 하는 바람에 주인공이 5명 심지어 10명이 되는 경우도 있다고 한다.

'조연은 싫어!'라는 학생의 이기심(혹은 부모의 이기심)을 학교에서 수용하고 있다는 증거다. 이것은 더 이상 연극이 아니다.

설령 자신이 들러리에 불과한 역할을 맡았더라도 주어진 배역을 우직하게 잘해 낸다면 그 사람이 바로 명배우이다. 사람들이 주목하고 박수 쳐 주는 역할이 아니라고 해서 기가 죽어 있을 이유가 전혀 없다는 것이다.

성경에서 배우는 삶의 지혜 32
**언뜻 보면 필요 없어 보이는 사원이라도 그가 없으면 회사가 위태로워질 수 있다.**

# 33

# 자신에게는 엄격하게,
# 다른 사람에게는 관대하게

다른 사람을 가르치는 네가 네 자신은 가르치지 아니하느냐 도둑질하지 말라 선포하
는 네가 도둑질하느냐

로마서 2장 21절

사람은 상대방에게는 엄격하고 자신에게는 관대해지려는 경향
이 있다.

성직자 가운데도 신자들에게는 격한 표현을 섞어가며 이야기
하면서, 정작 자신에게는 한없이 자비로운 사람이 많다.

직원에게는 '경비 절감, 동전 한 닢도 헛되이 쓰지 말라'고 잔

소리를 하면서 정작 본인은 풍덩풍덩 먹고 마시는 상사를 어찌해야 할까. 그런 상사 밑에서 일하는 부하 직원을 보면 답답하다 못해 어리석다고까지 느껴진다.

우리는 자신에 대해서는 눈을 감아버리기 때문에 스스로에 대해 객관적 판단을 내리지 못한다.


이런 연구가 있다.

여러 명의 아버지를 모아놓고 "당신은 아이를 얼마나 보살펴 주고 있습니까?" 하고 질문을 하면, 대부분은 실제보다 더 많이 아이와 함께한다고 대답하고 있다.

아내에게 남편이 육아 분담을 해 주고 있는지 물어보면 적나라하게 들통이 나는데도 불구하고, 남편들은 자신을 과대평가하고 있다.

하루에 길어야 30분 정도밖에 놀아 주지 않으면서 '나는 한 시간 이상 아이와 놀아 준다'고 착각하고 있는 남편들.

인간은 자신에게 관대한 만큼 다른 사람에게는 엄격하다. 본인은 금욕적인 생활과 전혀 상관없이 살면서 사람들을 향해서는 얼굴색 하나 변하지 않고 '사치는 인간의 적입니다!'라고 목소리를 높인다.

과연 정답은 무엇일까? 이것을 반대로 실천하는 것이다.

다시 말해서 자신에게는 엄격하되 남에게는 관대해지는 것이다. 그렇게 해야만 비로소 인간관계가 균형을 이룬다. 상대방을 비난하고 따지기 전에 '나는 어떤가?' 하고 자문자답하는 습관을 들여 보라.

게으름 떨고 있는 사람을 다짜고짜 나무라기 전에, '나는 어떨까? 내가 저 사람 입장이라면 나 역시 꾀를 피우지 않았을까……' 이렇게 스스로를 되돌아보면 무조건 상대에게 화를 내는 일은 없으리라.

아이가 공부는 하지 않고 온종일 게임만 한다고 해도, '내가 저 아이라면 어떻게 했을까. 저렇게 재미있는 게임이 있으니 공부가 눈에 들어올 리 없지.' 이런 생각을 하면 버럭 소리를 지르는 일은 없지 않을까.

상대의 행동을 판단하고 탓하기 전에 우선 자신을 먼저 돌아보는 자세. 그것이야말로 오늘을 사는 우리에게 가장 필요한 것이 아닐까 생각한다.

성경에서 배우는 삶의 지혜 33
**다른 사람을 대접하면 나도 대접받는다.**

# 34

# 다른 사람의 책임도
# 떠맡아라

사람이 친구를 위하여 자기 목숨을 버리면 이보다 더 큰 사랑이 없나니

요한복음 15장 13절

만약 부하 직원이 큰 실수를 저질렀다면 그가 책임져야 할 몫까지 끌어안아야 한다.

현명한 상사가 되려면 '부하의 잘못은 곧 나의 잘못'이라는 사고방식이야말로 필수조건이다.

그러나 현실적으로 볼 때, 대부분의 상사들은 터무니없는 변

명만 늘어놓으며 책임을 회피하려고 한다.

"아니, 그 일은 저 사람이 잘못했으니까……."

"아닙니다, 그 일이라면 현장에 있는 사람이 담당했기 때문에
……."

이렇게 책임을 떠넘기기에 급급하다.

만약 당신이 이런 상사 밑에서 일을 한다면 어떻겠는가?

일할 의욕이 사라져 버릴 것이다. 그러면서 내가 상사라면 부
하 직원이 하고 싶어 하는 일을 하도록 배려해 주겠다는 생각이
들 것이다.

"음, 자네 마음껏 해 보게. 뒷일은 내가 다 책임질 테니까 아
무 걱정하지 말고."

이렇게 말해 주는 상사라면 안심하고 나의 미래를 맡겨도 되
지 않겠는가.

성경은 다른 사람을 위해 자신을 희생하라고 가르친다. 그러
한 자기희생이야말로 진정한 사랑이기 때문이다.


샌디에이고 주립 대학의 베스 청 헤레라Beth Chung-Herrera는 호
텔이나 골프 클럽에 근무하는 매니저 195명을 대상으로 설문조
사를 한 결과, 성공한 사람일수록 책임감이 강하다는 공통점이
있다는 것을 알아냈다.

'책임감이 강하다'는 것은 관리하는 사람이 반드시 갖추어야 할 조건 중 한 가지다.

자신에 대해 책임을 지는 것은 당연한 일이다. 그렇지만 한 발 나아가 다른 사람 몫까지 책임을 지는 것이 더 중요하다. 그렇게 되면 단 한 방에 부하 직원으로부터 전폭적인 신뢰와 지지를 받을 수 있으리라.

아래 사람이 실수를 했다면 신뢰를 얻을 수 있는 절호의 기회임을 명심하자.

예를 들어 부하 직원이 거래처에 실수를 저질렀을 때, 먼저 달려가서 "제가 모든 책임을 지겠습니다. 그 직원에게 일을 맡긴 것은 바로 저입니다. 그러니 그 사람은 용서하시고 저에게 책임을 물어 주십시오." 하고 사정해 보라.

거래처 입장에서는 직접적으로 당신에게 화가 나 있지 않기 때문에 "당신과는 관계없는 일입니다. 직접 당사자인 그 직원이 잘못한 거니까 그 사람보고 오라고 하세요." 하고 말할 것이다.

설령 상대방이 그렇게 나오더라도 "아닙니다. 제 책임입니다. 부디 저를 혼내 주십시오!" 하고 매달려야 한다. 결국 부하 직원은 당신을 전적으로 신뢰하게 될 테고, 거래처는 당신을 다시 보게 될 것이다.

요즘에는 뻔히 자기 아이가 잘못했는데도 '아이가 한 거니까 나하고는 상관없는 일'이라며 자리를 피하는 부모가 있는데 정말 어리석은 행동이다. 내 아이의 잘못은 나의 잘못이다. 그것이 바로 부모의 애정이요 사랑이 아닐까.

성경에서 배우는 삶의 지혜 34
**부하 직원의 책임을 본인이 떠맡는 상사일수록 높은 평가를 받는다.**

# 35

# 젊을 때 모든 열정과
# 에너지를 쏟아 부어라

예수께서 이르시되 아직 잠시 동안 빛이 너희 중에 있으니 빛이 있을 동안에 다녀 어
둠에 붙잡히지 않게 하라 어둠에 다니는 자는 그 가는 곳을 알지 못하느니라

요한복음 12장 35절

컨디션이 좋을 때 미리미리 일을 처리해 두면 나중에 편히 쉴 수
있다. 사람의 몸처럼 생활도 리듬을 탄다. '오늘은 컨디션이 괜찮
은데……' 하고 느껴질 때는 나중에 할 일까지 미리 마무리해 두는
것이 좋다.

나는 매달 중순까지는 잠자는 시간을 아껴가며 부지런히 일

한다. 조금 과장해서 말하자면 까무러칠 정도로 일에 매달린다. 그리고 후반에는 천천히 여유 부리며 지낸다.

하루로 본다면 오전 중에 전력질주를 하고 오후는 좀 넉넉하게 지내는 것이다. 나중에 할 일을 미리 한다고 해서 토를 달 사람은 아무도 없다.

인생도 마찬가지다. 식사를 제때 못 챙기더라도, 잠을 좀 덜 자더라도 젊을 때 열심히 일하는 것이 좋다. 유유자적하며 지내는 것은 나이 들어서도 충분하다. 혈기왕성할 때 할 수 있는 모든 것을 해두지 않으면 반드시 가슴을 치며 후회하리라.

성경은 이렇게 말한다.

"태양이 떠 있을 때 부지런히 걸으라."

어두워지면 앞이 잘 보이지 않으니 빛이 있을 때 갈 수 있는 곳까지 무조건 걸어야 한다. 그래야만 다른 사람들보다 조금이라도 더 앞서 갈 수 있기 때문이다.

사람은 오늘 할 일을 내일로 미루려는 습성이 있다.

그러다 보면 꼭 해야 할 일을 하지 못하기도 하고, 미리 해두어야 하는 일까지 타이밍을 놓쳐버리곤 한다. 착각하지 마라. 인생은 그리 길지 않다.


메사추세츠 공과대학의 댄 애리얼리Dan Ariely 교수는 약 100명의 대학생에게 '14주 안에 세 편의 논문을 제출하라'는 과제를 냈다.

그러고 나서 그들이 어떤 식으로 시간을 분배를 하는지 조사해 보았더니 40퍼센트 이상이 '14주째' 혹은 '12주째'나 '13주째'로 마감날짜를 설정해 놓고 빨리 끝내려는 생각 자체를 하지 않더라는 것이다.

과제를 내 준 첫째 주부터 본격적으로 논문 작성에 돌입한 학생은 불과 2.5퍼센트에 불과했다.

이 결과만 보더라도 역시 사람은 급하지 않은 일은 뒤로 미루려는 경향이 강하다는 것을 알 수 있다.

수많은 사람들이 성공을 원하기만 할 뿐 "빛이 있는 동안 걸으라"는 성경의 가르침은 실천하지 않는다. 그래서 실패한다.

'나중에 어떻게든 되겠지.' 하고 여유를 부리다가 결국에는 아무것도 이루지 못하는 것이다.

성공하고 싶다면 일할 수 있을 때에 무조건 전력투구를 해야 한다.

정년퇴직하고 나서 여행도 다니고 취미생활을 즐기면서 유유자적해도 늦지 않다.

이런 마음가짐으로 젊은 시절을 알차게 보낸다면 행복한 인생을 누릴 수 있으리라.

청년 시절에는 파워와 에너지가 넘쳐나기 때문에 약간 무리한다고 해서 건강에 이상이 생기지는 않는다.

하지만 점점 나이를 먹다 보면 한창 때처럼 무리할 수가 없다.

마음은 의욕이 넘치고 청춘이지만 몸이 따라 주지 않으니 어찌하랴.

그렇게 되기 전에 젊을 때 모든 열정과 에너지를 쏟아 붓는 습관을 들이기 바란다.

성경에서 배우는 삶의 지혜 35
**지금은 힘들고 고통스러워도 '훗날 행복해 질 수 있다'고 생각하라.**

# 36

# 항상 눈을
# 맑게 하라

네 몸의 등불은 눈이라 네 눈이 성하면 온 몸이 밝을 것이요 만일 나쁘면 네 몸도 어
두우리라

누가복음 11장 34절

"눈에 초점이 없는 사람은 안 돼!" "죽은 물고기처럼 퀭한 눈을
한 사람은 필요 없어!"

기업 인사담당자들이 이구동성으로 하는 말이다. 눈에 초점이
없는 사람이나 눈이 맑지 못한 사람은 사회에서 성공하기 어렵다.

나도 사람을 처음 만나면 제일 먼저 눈을 본다. 그리고 눈에

서 전혀 의욕이 느껴지지 않으면 '이 사람은 안 되겠어.' 하고 마음속으로 결론을 지어버린다.

　독자 여러분도 그런 경험이 있을 것이다. 사람은 상대방의 눈을 통해 그 사람을 평가한다. 그러므로 다른 사람이 당신을 함부로 판단하고 포기하지 않도록, 항상 눈에 힘을 주고 생기 넘치는 이미지를 유지하기 바란다.

　가장 좋은 방법은 생활 속에서 늘 긍정적 의미의 '긴장감'을 갖는 것이다. 사람은 긴장하면 눈이 반짝거린다. 반대로 긴장하지 않는 눈은 어딘가 흐리멍덩하고 아둔해 보인다.

　생활 자체에 리듬감이 없고 정신이 느슨해져서 고스란히 눈으로 나타나는 것이다.

　'오후 2시까지는 정리를 끝내야지.'

　'오늘 안에 꼭 마무리해야지.'

　나름대로 시간설정을 하고 끊임없이 의식하면 긴장감 있는 생활도 할 수 있고, 에너지 넘치는 사람으로 살아갈 수 있다. 자연히 눈에도 힘이 들어가고 반짝반짝 빛나리라.

　사람을 만날 때는 될 수 있는 대로 상대의 눈을 바라보며 시선을 부드럽게 하되, 눈동자를 아래로 내리깔면 안 된다.


　영국 엑서터 대학의 케네스 스트롱맨Kenneth Strongman 교수는 상대의 눈을 정확하게 바라보면 정신적으로 강인하다는 것을 표출할 수 있지만, 아래로 내리면 복종적이고 마음 여린 사람이라는 평가를 받게 된다고 했다.

사람을 만날 때 눈동자의 초점이 흐리고 불안해 보이면 그만큼 부정적 평가를 받을 수 있으므로, 시선을 맞추고 똑바로 바라볼 수 있도록 의식적으로 노력해야 한다.

이렇게 조금만 마음을 다잡아도 눈에 힘이 들어가고 '이 사람은 무언가 하고자 하는 의욕과 에너지가 넘쳐난다'는 이미지를 줄 수 있다.

의욕적인 사람의 눈에서는 불꽃이 번뜩이는 것 같은 강렬한 이미지가 뿜어져 나온다. 그런 눈을 가지려면 '상대방 얼굴에서 눈을 떼지 말고 부드럽게 응시하는' 습관을 들여야 한다.

'눈은 마음의 창'이라는 말도 있듯이, 그 사람의 정신 상태는 눈을 통해 나타난다.

의욕이 있는 사람인지 아닌지는 눈을 보면 금방 탄로가 난다. 의욕이라고는 찾아볼 수 없는 사람으로 평가받지 않도록 정신을 바짝 차리기 바란다.

성경에서 배우는 삶의 지혜 36
**눈빛 하나로 평가 받는 경우도 많다.**

# 37

# 사람의 마음은
# 이해할 수 없는 것이다

만물보다 거짓되고 심히 부패한 것은 마음이라 누가 능히 이를 알리요마는

예레미야 17장 9절

예레미야서는 구약시대에 살았던 예언자 예레미야의 이야기를 모은 것이다.

'사람의 마음을 헤아리고 간파하기란 참으로 어렵다'는 가르침을 담고 있다. 사람의 마음은 읽을 수도 없지만 굳이 읽으려고 애쓸 필요도 없다.

그렇게 하지 않아도 얼마든지 인간관계를 유지해 나갈 수 있다. 내가 심리학자라고 해서 사람들의 마음을 잘 읽느냐 하면 그렇지도 않다.

그러나 살면서 상대의 마음을 제대로 읽지 못해 낭패를 본 적은 거의 없다. 이는 나름대로 빈틈없이 사람 사귀는 요령을 터득했기 때문이다. 마음을 읽지 못한다고 해서 사람을 사귈 수 없는 것은 아니다. 성경에서 말하고 있듯이 "사람의 마음은 너무도 교활하여 헤아릴 수 없다"고 하지 않았는가.

예를 들어 나는 토끼의 심리에 대해서는 모르지만 잘 기르는 방법은 알고 있다. 꼬박꼬박 먹이를 주고 분뇨만 잘 치워 주면 녀석은 좋아한다. '토끼는 외로움을 잘 타는 동물'이라는 속설은 잘못 알려진 것이다. 이 말은 여러 마리와 함께 지내기를 싫어하기 때문에 한 마리씩 따로 두어야 좋아한다는 뜻이다.

인간관계에서도 기본적으로는 상대를 칭찬해 주면 그 사람과의 관계가 좋아질 수 있다는 것 정도는 이미 다 알고 있는 사실이다.

"○○ 씨처럼 멋진 사람은 본 적이 없어요!"

"당신처럼 지적인 분을 만나게 되어 영광입니다!" 하고 한껏 칭찬을 해 주면, 상대방은 얼굴색이 밝아지면서 행복한 표정을 짓는다. 사람의 마음을 정확히 읽지는 못하지만 상대를 칭찬하고 띄워 주기만 해도 원만한 인간관계를 유지할 수 있다.


　일리노이 대학의 샌디 웨인Sandy Wayne 교수는 비서, 카운슬러, 프로그래머 등에 종사하는 상사와 부하로 이루어진 111조를 반 년에 걸쳐 조사한 적이 있다.

　부하 직원의 평균 연령은 33세, 상사는 41세였는데, 부하 직 원이 상사를 연신 칭찬하자 두 사람 사이의 관계가 훨씬 좋아졌 다는 것이다.

　아무리 원칙적이고 엄격한 상사라도 자신을 칭찬해 주는 사 람에 대해서는 마음을 열고 좋은 관계를 유지하기 위해 노력한 다는 증거인 셈이다.

　상대가 어떤 사람인지 어떤 생각을 하는지 너무 깊숙하게 알 려고 들면 오히려 불편하고 어색한 사이가 될 수 있다. 그러니 그 사람의 마음을 완벽하게 알려고 마음 쓸 필요는 없다.

　비즈니스 관련 서적을 보면 "사람에 따라 다른 방법을 적용해 야 한다"는 내용이 많은데, 나는 절대로 그렇게 생각하지 않는 다. 사람마다 방법을 바꾸고 연구하는 자체가 얼마나 번거로운 일인가. 굳이 그렇게 수고하지 말고, 일단 사람을 만나면 어떤 이유로든 칭찬하면 된다. 그 정도만 알고 있어도 좋은 인맥을 만들어 나갈 수 있다.

'어떻게 심리학자 입에서 사람의 마음을 읽으려고 하지 말라는 말이 나올까?' 의아해할 지도 모르지만, 사실이 그렇다. 인간관계가 좋은 사람은 심각해 하거나 고민하지 않는다.

마음 가는 대로 자연스럽게 칭찬해 주면 충분하다. 주변에는 대인관계 때문에 고심하는 사람들이 많은데 '너무 깊고 심각하게' 생각하기 때문에 더 힘들어지는 경우가 대부분이다. 전전긍긍하지 말고 자연스럽게 대처하자.

그러면 분명 마음에 여유가 생겨 상대와의 관계가 더 좋아질 것이다.

성경에서 배우는 삶의 지혜 37
**인간관계는 '자연스럽게' 이루어져야 한다.**

# 38

# 편애하지
# 말라

너희는 스스로 삼가 너희의 하나님 여호와께서 너희와 세우신 언약을 잊지 말고 네
하나님 여호와께서 금하신 어떤 형상의 우상도 조각하지 말라 네 하나님 여호와는
소멸하는 불이시요 질투하시는 하나님이시니라

신명기 4장 23−24절

신명기는 구약시대의 위대한 인물인 모세의 마지막 설교를 모
아놓은 기록이다. 그중에서 '다른 신을 섬겨서도, 사랑해서도
안 된다'는 이야기를 힘주어 말하는 대목이다.

하나님께서는 질투가 심해서 사람들이 다른 신을 사랑하는

것을 용납할 수 없는 모양이다.

'신'을 '사람'으로 바꾸어서 생각해 보자. 만약 당신이 어떤 특정 사람만 칭찬하면 아마도 주변 사람들은 질투심에 불타서 볼멘소리를 할 것이다.

굳이 어떤 한 사람을 칭찬해야 한다면 사람들이 없는 곳에서 조용히 하는 것이 좋다. '저 사람 뭐야. ○○만 편애하다니!' 이런 오해를 사지 않도록 주의하라.


네덜란드 레이든 대학교의 루스 폰크Roos Vonk 교수는 실험을 통해 이 사실을 확인한 바 있다. 특정인을 칭찬하면 그 사람에게는 호감을 살 수 있지만, 제삼자에게는 몹시 나쁜 평가를 받았다는 것이다.

상대의 비위를 맞추는 자체가 나쁜 것은 아니지만, 일부러 다른 사람의 기분까지 상하게 하면서 표현할 필요는 없다. '저 사람은 아첨꾼이야'라는 악평을 듣고 싶지 않다면 사람들이 없는 곳을 택하면 된다.

선생님은 성적이 좋은 학생에게 도량이 넓다. 부드러운 목소리로 말을 걸어 주고 모든 면에서 긍정적으로 대해 준다. 그러나 그런 장면을 계속 지켜보아야 하는 다른 학생들은 여간 고역이 아니다. 당연히 그런 선생님은 학생들로부터 좋은 평가를 얻을 수 없다.

선생님 입장에서는 공부 잘하는 학생이 사랑스러운 것이 당연하지만, 그런 마음을 굳이 다른 학생들에게까지 내비친다면 자신에게 마이너스가 될 뿐이다. 조용히 은밀하게 "너는 훌륭한 일을 하는 존경받는 사람이 될거야." 하고 칭찬하는 것이 현명한 방법이다. 하지만 "다른 친구들에게는 말하지 말라"고 가르쳐 주는 것 또한 현명한 처사다.

특정 인물을 칭찬한다는 것은 그렇지 못한 사람을 무시하는 것과 마찬가지다. 단체 미팅에서도 한 여성에게만 눈길을 주면서 "정말 예쁘시네요." 하고 말을 건다는 것은, 다른 여성들은 "하나도 예쁘지 않아요." 하고 무시하는 처사일 뿐이다.

거듭 말하지만 사람을 칭찬할 때는 '조용하고 은밀한' 작전이 필요하다는 것을 명심하기 바란다.

직장에서도 마찬가지다. 아무리 믿음직스럽고 사랑스러운 부하가 있어도 그 사람만 드러내 놓고 칭찬해서는 안 된다. 외면당하는 부하 직원들의 원망만 살 뿐이다.

---

성경에서 배우는 삶의 지혜 38
**특정인을 칭찬하면 다른 사람들의 원망을 산다.**
**그러니 칭찬할 때는 조용히 은밀하게 하라.**

---

# 39

# 팔방미인이
# 되지 말라

한 사람이 두 주인을 섬기지 못할 것이니 혹 이를 미워하고 저를 사랑하거나 혹 이를
중히 여기고 저를 경히 여김이라 너희가 하나님과 재물을 겸하여 섬기지 못하느니라
마태복음 6장 **24**절

앞에서 '편애하지 말라'는 이야기를 했다. 그렇다고 오지랖 넓
게 모든 사람을 칭찬하고 친절히 대해야 한다는 뜻도 아니다.

모든 사람을 평등하게 여기고 똑같이 칭찬하는 것 또한 바람
직하지 않다. 내 경우에도, 다른 사람들과 함께 칭찬을 받는다
면 '어차피 나는 저 사람들 중 하나에 불과한데 뭐.' 하고 그다지

기쁜 마음이 들지 않는다.

아무에게나 꼬리를 흔들며 따라가는 강아지는 주인이 썩 달가워하지 않는다. 오로지 자기만 따르고 좋아하는 강아지가 사랑스러운 것은 인지상정 아닌가.

위스콘신 대학의 일레인 월터Elaine Walter 교수가 이런 심리학 실험을 했다.

한 여성에게 모든 남성에게 상냥한 여자와 한 사람에게만 상냥한 여자 두 캐릭터를 연기하게 한 다음, 71명의 남자 대학생이 컴퓨터에 올린 자료를 조사했다. 그랬더니 모든 남성들에게 친절한 여자는 의외로 인기를 많이 얻지 못했다.

남성들의 심리로 보면 '나에게만 친절한 여자'야말로 가장 이상적인 캐릭터다. 누구에게나 잘해 주고 상냥한 여자는 호감이 가지 않는다는 것이다.

어떤 사람에게 충성을 다한다는 것은 다른 사람에게는 그렇지 않다는 뜻이다. 내가 아닌 다른 사람에게 웃는 표정을 짓는 것도 달가운 일이 아니다.

'아아, 이 사람은 나를 정말 좋아하는구나'라는 생각이 들 때 비로소 그에게 성실할 수 있다. 반면에 모든 사람들을 똑같이 대해 주는 사람에게는 호감을 느낄 수 없다.

카페를 나설 때 정중하게 인사하며 배웅을 해 주는 주인장이 인상적이라서 다시 한 번 뒤돌아보았더니, 언제 그랬냐는 듯 다른 손님을 환대하는 모습을 보면 왠지 실망스러운 기분이 든다.

사람은 본능적으로 자기만 특별한 대접을 받고 싶어 한다.

사람을 대할 때는 "지금 이 순간, 당신이 가장 특별합니다"라는 느낌으로 대해 주어야 한다.

일도 마찬가지다. "○○ 씨에게만 특별히 이 가격으로 드립니다." "○○ 선생님의 주문을 제일 먼저 처리하고 있습니다." 거짓말로라도 이렇게 대접해 보라. 상대는 기쁜 마음으로 당신에게 충성을 맹세할 것이다.

성경에서 배우는 삶의 지혜 39
**모든 사람에게 사랑받으려고 하지 말고,
지금 내 앞에 있는 사람에게 사랑받도록 집중하라.**

# 40

# 항상 타인의
# 시선을 의식하라

여호와의 말씀이니라 사람이 내게 보이지 아니하려고 누가 자신을 은밀한 곳에 숨길

수 있겠느냐 여호와가 말하노라 나는 천지에 충만하지 아니하냐

예레미야 23장 24절

일을 할 때 '어느 정도는 눈치껏 해도 괜찮지 않을까?'라는 생
각을 했다면 반드시 이 성경 구절을 떠올리기 바란다. 하나님께
서는 모든 것을 보고 계신다.

아니, 그 정도는 하나님뿐 아니라 사람도 금방 알아차린다.

본인은 완벽하게 속였다고 생각하겠지만, 상대방은 기가 막

히게 눈치를 챈다.

어느 일류 발리 댄서가 한 말 중에 "훈련을 하루 빼먹으면 내가 느끼고, 이틀을 빼먹으면 파트너가 느끼고, 사흘을 빼먹으면 관객이 느낀다"는 유명한 이야기가 있다. 그래서 아무리 힘들고 고통스러워도 훈련을 게을리 할 수 없다는 것이다.

솔직히 말하면 나도 집필을 하면서 몇 번 요령을 피운 적이 있다. 그런데 신기하게도 그렇게 쓴 원고는 책도 잘 팔리지 않고 그 출판사에서는 두 번 다시 출판 의뢰가 들어오지 않았다.

그것을 뼈저리게 느낀 다음부터는 '적당히 써 볼까?' 하는 생각이 들 때마다 '절대로 안 돼!' 하면서 스스로를 꾸짖는다.

강연을 할 때도 마찬가지다. 새로운 소재나 이슈를 준비하지 않고 그동안 했던 이야기를 재탕하듯 늘어놓으면, 천하에 재미없고 쓸모없는 강연이 되어 버린다. 물론 그 주최자도 더 이상 나를 초빙하지 않는다.

어설프게 요령을 피우면 결국에는 탄로 나는 것이 사회요, 현실이다. 자신을 통제하려면 '누군가가 지켜보고 있다'는 것을 의식하는 방법밖에 없다. 그래서 심리학에서 요령을 피우지 않기 위해 가장 유효하게 사용하는 방법이 바로 이 작전이다.

사람은 자신이 감시받고 있다는 것을 알면 머리를 굴리거나 게으름을 피우지 않는다.

예를 들어 CCTV가 설치되어 있는 가게에서는 분실 사건이 덜 일어나는 것도 바로 이런 이유 때문이다. 혹시라도 요령을 피우고 싶다는 충동이 일면 '누군가가 나를 지켜보고 있다'고 의식해 보라.

네덜란드 트벤테 공대의 반 롬페이Van Rompay 교수에 따르면, 사람은 감시 카메라가 있으면 자신을 통제하려는 경향이 있는 반면, 감시 카메라도 없고 아무도 자신을 지켜보지 않는다고 생각하면 닥치는 대로 마구 행동한다고 한다.

'CCTV 작동 중'이라는 문구가 붙어 있는 장소에서는 쓰레기를 함부로 버리지 않지만, 그렇지 않은 곳에서는 아무렇지 않게 마구 버린다. 만약 나쁜 행동을 하고 싶어질 때는 누군가가 보고 있다는 것을 떠올리면서 자신을 통제해야 한다. 그러면 게을러지지도 않고 요령도 피우지 않는다.

노력만으로 자신을 컨트롤하기는 어렵다. 그럴 때는 누군가 나를 보고 있다고 의식하는 것이 가장 효과적인 방법이다.

---

성경에서 배우는 삶의 지혜 40
**어떤 상황에서도 요령을 피우지 않는 사람이 결국 모든 것을 얻는다.**

# Column 4 '하나님과의 교섭'에서 승리한 아브라함의 심리술

구약성경 창세기 18장 20-21절에는 대담무쌍하게도 하나님과 교섭을 펼친 인물이 등장한다. 내용은 이렇다.

어느 날, 하나님께서 소돔과 고모라의 타락함을 보고 멸망시키기로 결정하셨다. 그 이야기를 들은 아브라함은 상대가 하나님이든 누구든 가리지 않고 한 걸음도 물러서지 않은 채 필사적으로 버티고 있었다.

"주여, 진정 의인을 죄인과 함께 쓸어버리시렵니까? 혹시 그 성읍에 의인이 오십 명 있다면, 그래도 쓸어버리시렵니까?"

"소돔 성읍 안에서 내가 의인 오십 명을 찾을 수만 있다면, 그들을 보아서 그곳 전체를 용서해 주겠노라."

"제가 주님께 감히 아룁니다. 혹시 그곳에서 이십 명을 찾을 수 있다면 어찌하시렵니까?"

"그 이십 명을 보아서 내가 파멸시키지 않겠다."

"주여, 부디 노여워 마시고 제 이야기를 들어 주십시오. 혹시 그곳에 의인이 십 명밖에 없을지도 모릅니다."

"그 십 명을 보아서라도 내가 파멸시키지 않겠노라."


아브라함이 교섭의 달인이었음을 보여 주는 유명한 일화다.

결국 의인 십 명을 찾지 못한 탓에 소돔 마을은 멸망하고 말 았지만, 상대가 하나님이라도 담판을 지을 때는 과감히 달려드 는 용기를 갖는 것이 중요하다.

나 같은 경우는 출판사 사장이라거나 나보다 훨씬 잘난 사람 이라서 상대방이 시키는 대로 순순히 응했던 적이 많다. 하지만 사장 아니라 하나님이라도 내가 납득할 수 없을 경우에는 '담판 을 짓겠다'는 용기와 담력이 필요하지 않겠는가.

내가 약자라도 얼마든지 교섭을 벌일 수 있다. 시도조차 하지 않는 것보다는 강도가 조금 약하더라도 아니 동정표를 구하더 라도 일단은 부딪혀 보아야 한다.

"도저히 안 됩니까?"

"대화의 여지가 전혀 없는 겁니까?"

조금은 동정의 여지를 갖고 다가가면 상대방도 죄책감이 들어 서 교섭에 응해줄지 모른다.

네덜란드 암스테르담 대학의 반 클리프Van Cleef 교수는, 아무리 어려운 상황이나 여건 속에서 교섭을 벌이더라도 대화만 잘 이끌어나가면 좋은 결과를 얻을 수 있다는 것을 실험적으로 확인한 바 있다.

반면에 너무 쉽게 포기하거나 상대방 요구를 수락해 버리면 남 좋은 일만 시키는 꼴이 될 수 있다는 것을 경고했다.

상대가 누구든 발버둥이쳐 볼 필요는 있다. 그렇게 해야 나에게도 유리한 결과를 가져올 수 있기 때문이다.

처음부터 포기해 버리면 소득은 '제로'이다. 하지만 필사적으로 매달리면 생각만큼은 아니더라도 최소한의 이익을 확보할 수 있지 않을까.

# CHAPTER 5

꿈을 이루는
10가지 지혜

# 41

# 한 가지 장점에
# 주목하라

만일 한 지체가 고통을 받으면 모든 지체가 함께 고통을 받고 한 지체가 영광을 얻으면 모든 지체가 함께 즐거워하느니라

고린도전서 12장 26절

흔히들 이야기하는 자기개념이라는 것은 복합적인 측면을 갖고 있는데, 그것을 가리켜 '다면적 자기개념'이라고 한다.

예를 들어 부모로서의 자신, 사회적 존재로서의 자신, 자원봉사자로서의 자신, 상냥하고 친절한 성품의 자신, 운동선수로서의 자신 등 누구나 자기 속에 다양한 측면을 품고 있다는 뜻이다.

그 가운데서 단 한 가지라도 자랑할 만한 부분(장점)이 있다면 자신을 사랑하는 긍정적인 자기개념을 가질 수 있다. 하나라도 좋으니 자신이 자랑할 만한 부분을 찾아내는 것이 포인트다. 장점이 한 가지만 있어도 '자기 전부'를 존중하고 싶은 마음이 생긴다.

자기혐오감이 강하거나 자신감이 없는 사람은 장점을 찾아내서 '자, 나한테도 이렇게 멋진 면이 있잖아!' 하고 자랑해 보라.


마이애미 주립 대학의 알렌 맥코넬Allen McConnel 교수에 따르면, 다면적 자기개념 확립은 정신 건강에 도움이 될 뿐 아니라, 정신 수준을 높이는 데도 매우 유익하다고 한다. 왜냐하면 자신에게 약간 부족한 면이 있어도 다른 부분에서 자랑할 만한 점이 있다면 긍정적인 자기개념을 가질 수 있기 때문이다.

예를 들어 화를 잘 내고 조금 수다스러워도 운동신경이 뛰어나다거나 매사에 성실한 사람은 얼마든지 건강한 삶을 영위할 수 있다는 뜻이다.

자기개념은 전체적인 평가에 따라 결정된다. 성격적으로 문제가 조금 있더라도 그것을 메울 수 있는 장점이 한 가지라도 있다면 자신을 사랑할 수 있다.

나 같은 사람도, 성격은 정말 맘에 안 들지만(웃음) 동물과 식물을 좋아하는 자연친화적인 인간이기 때문에 전체적인 자기개념은 플러스이다. 따라서 하루하루를 즐겁게 살아갈 수 있는 것이다. 자기혐오감 때문에 고민하는 사람도 있겠지만, 살펴보면 자랑할 만한 장점 한 가지씩은 다 갖고 있기 마련이다.

"나이토 선생, 그렇다고 하지만 나는 아무리 찾아봐도 장점이라고는 없어요!"

이렇게 말하는 사람은 찾는 방법에 문제가 있다고 할 수 있다.

주말에 가족을 위해 요리 솜씨를 발휘하는 당신은 훌륭한 아버지요, 남편이다. 성과를 올리지는 못해도 회사에서 누구보다 성실하게 일한다면 당신은 누구보다 멋진 사회인이다. 꼬박꼬박 세금을 잘 내는 당신은 사회적 책임을 다하는 위대한 국민이다.

누구든 내세울 만한 자랑거리는 한 가지씩 있다.

그런 장점을 찾아내고 키워나가면 자신을 사랑하고 자랑스러워 할 수 있을 것이다.

성경에서 배우는 삶의 지혜 41
**사람은 장점이 한 가지라도 있으면 자신을 사랑할 수 있다.**

# 42

# 스스로 한계를
# 두지 말라

구하라 그리하면 너희에게 주실 것이요 찾으라 그리하면 찾아낼 것이요 문을 두드리
라 그리하면 너희에게 열릴 것이니

마태복음 7장 7절

하나님께서는 구하는 자에게 반드시 좋은 것을 주신다.

'어차피 틀렸어.' 하고 처음부터 포기하면 하나님의 응답을
받을 수 없다.

우리에게는 무궁무진한 가능성이 있다. 뿐만 아니라 본인은
미처 깨닫지 못할 만큼 어마어마한 잠재능력이 숨어 있다. 다행

인 것은 이 잠재능력은 찾으려고 마음만 먹으면 얼마든지 찾아낼 수 있다는 사실이다.

'나는 장점이 하나도 없어……'

'다른 사람보다 잘하는 것이 하나도 없는데……'

라고 깊은 한숨을 토해 내는 사람들이 있다. 그러나 그럴수록 성경 구절을 곱씹어 보라. '진심으로 찾지 않기' 때문에 '찾지 못할 뿐'이다.


미국 심리학자로 잠재능력 발견 전문가인 진 마리 스타인Jean marie stine 박사는 "우리에게는 자신도 모르는 능력이 잠들어 있다. 그것을 모두 찾아내어 조합하면 지금보다 500퍼센트 이상 성장할 수 있다"고 말했다.

인간은 자신의 잠재능력이 얼마나 크고 위대한지 그 깊이를 알지 못한다. 자기 멋대로 한계를 그어버렸기 때문에 자신의 진짜 능력을 깨닫지 못하는 것이다.

'나는 머리가 나쁜가 봐.'

이런 멘트를 입버릇처럼 달고 사는 사람은 정말 머리가 나빠진다. 제 입으로 자신의 능력에 한계를 정해 버렸기 때문에 절대로 잠재능력을 살릴 수가 없다.

'이런 일은 도저히 못 하는데……'

이렇게 생각하면 끝내 업무에 필요한 지식이나 기술을 익힐 수가 없다. 제 손으로 자기 목을 조르듯 자신의 한계를 조이고 있으니 어떻게 능력을 키워나갈 수 있겠는가.

'나는 선천적으로 어학에 재능이 없어서 영어는 한 마디도 못 할 거야.'

이런 생각 때문에 영어 회화 능력이 향상되지 않는다.

거듭 말하지만 인간의 잠재능력은 본인이 생각하는 것보다 훨씬 크고 무궁무진하다. 찾으면 찾을수록 '어, 나한테 이런 능력이 있었나?' 하고 깜짝 놀랄 것이다.

나도 예전에는 단행본 한 권 집필하는데 석 달이 걸렸다. 왜 냐하면 '적어도 석 달은 걸리겠지.' 하고 내 멋대로 한계를 그어 버렸기 때문이다.

그러던 어느 날, 마감이 코앞에 오도록 깜빡하고 있던 원고가 갑자기 생각났다. 편집자로부터 "원고는 얼추 마무리되셨죠?" 하는 확인 메일을 받고 나서야 퍼뜩 생각이 났던 것이다.

신출내기 작가 주제에 마감 날짜를 어길 수는 없는 노릇. 유명 작가라면 한두 번 거드름을 피우며 연기해도 상관없지만, 나처럼 신참 작가가 마감을 못 지킨다면 두 번 다시 일을 맡기지 않으리라.

그 순간부터 끼니도 거르고 잠자는 시간마저도 쪼개가며 글을 쓰기 시작했다. 결과는 어떻게 되었을까?

당연히 석 달은 걸릴 거라고 생각했던 단행본을 2주 만에 탈고 작업까지 마무리했다.

그 이후부터 나는 단행본은 2주에 마감하고 있다.

생각해 보면 자신이 정해 놓은 한계라는 것은 의미 없는 선입견이요 고집에 불과하다.

한계를 뛰어넘기 위해 최선을 다하면 자신도 미처 몰랐던 능력을 이끌어낼 수 있으리라.

성경에서 배우는 삶의 지혜 42
**'나는 할 수 없어'라는 생각은 단순한 선입견이다.**

# 43

## 노력 자체를
## 즐겨라

다만 이뿐 아니라 우리가 환난 중에도 즐거워하나니 이는 환난은 인내를, 인내는 연
단을, 연단은 소망을 이루는 줄 앎이로다

로마서 5장 3-4절

사람은 인내하는 과정 속에서 시험받고 훈련되며 숙달되어 간
다. 어느 날 아침 눈을 떴더니 억만장자가 되어 있었다는 장면
은 영화 속에나 등장할 만한 스토리다.

　높은 산을 오를 때도 처음에는 평평한 들판을 지나야 한다.
헬리콥터를 타고 단번에 정상까지 오를 수는 없지 않은가.

나는 하드보일드 작가로 유명한 기타가타 겐조北方謙三의 열렬한 팬이다. 기타가타 씨가 아직 신인 작가였을 무렵에는 출판 엄두도 내지 못한 원고들이 책상 서랍 가득 들어차 있었다고 한다.

지금은 감히 누구와도 견줄 수 없을 만큼 유명한 대작가도 신인 시절에는 혹독한 시련의 세월을 보냈던 것이다. 그렇게 아픈 경험이 있었기 때문에 그 유명한 작품을 써내려갈 수 있지 않았을까.

무명 시절의 기타가타는 어린 딸을 자전거 뒤에 태우고 공원으로 가서 벤치에 앉아서는 '과연 내가 이대로 살아도 괜찮을까……' 하는 불안감에 몸서리를 치면서 하루하루를 보냈다고 한다. 기타가타 씨는 그 불안한 마음을 없애기 위해 이를 악물고 글을 썼다고 한다. 만약 기타가타 씨가 그 시절의 아픔과 불안을 맛보지 않았다면 그토록 힘이 넘치는 웅장한 작품을 남길 수 없었으리라.

노력과 수고는 절대로 배신하지 않는다.

성공한 사람은 누구보다 수고하고 땀을 많이 흘린 사람이다.

천재 타자로 불리는 이치로는 타고나면서부터 그렇게 뛰어났을까? 훈련이라고는 전혀 하지 않았을까?

절대로 그럴 리가 없다. 이치로가 예전이나 지금이나 '연습 귀신'인 것은 모두가 아는 사실이다.

어린 시절, 이치로는 일 년 365일 중 363일을 타격연습장에서 살았을 정도다. 나머지 이틀도 연습을 하고 싶었지만 연습장이 정기휴무였기 때문에 어쩔 수 없이 훈련을 쉬어야 했다.

콜로라도 대학의 심리학자 앤더스 에릭손Anders Ericsson은 웨스트 베를린 음악 아카데미 교수에게, 바이올린을 연주하는 학생 중 장래가 촉망되는 학생과 지극히 평범한 학생의 연습량을 조사해 보도록 부탁했다.

그랬더니 장래가 촉망되는 학생의 하루 평균 연습시간은 3.5시간인데 반해, 평범한 학생의 연습시간은 1.3시간이었다는 사실을 알아 냈다. 가능성이 큰 사람일수록 보통 사람보다 두세 배는 더 노력하고 있다는 것이 밝혀진 셈이다.

노력하지 않으면 안 된다. 노력으로 흘린 땀방울은 우리를 배신하지 않는다. 성공한 사람은 노력만이 성공의 기초라는 것을 정확하게 알고 있다. 그래서 기꺼이 노력하는 수고를 아끼지 않는 것이다.

'노력 같은 거 하지 않고 잘 될 수는 없을까?'

'고생 없이 성공할 수는 없나?'

이런 생각은 정말 철없는 푸념이요 망상에 불과하다.

예전에는 다양한 분야에서 정상을 달리는 세일즈맨들을 상대로 강연을 하는 까닭에 그때마다 강연회를 마치고 그들과 대화의 시간을 많이 가졌다.

지금도 기억에 선명한데, 내가 그들에게 어떻게 정상에 오를 수 있었는지 물어보면 하나같이 맥 빠지는 답변만 들려주는 것이었다.

"그들은 누구보다 더 많이 고객을 방문했고, 누구보다 더 많이 노력했을 뿐이었다."

기꺼이 노력하라. 그러면 당신도 정상에 설 수 있다.

성경에서 배우는 삶의 지혜 43
**노력은 절대로 배신하지 않는다.**

# 44

# 최악의 상황에서도
# 희망을 버리지 말라

우리가 사방으로 욱여쌈을 당하여도 싸이지 아니하며 답답한 일을 당하여도 낙심하지 아니하며 박해를 받아도 버린 바 되지 아니하며 거꾸러뜨림을 당하여도 망하지 아니하고

고린도후서 4장 8−9절

인생을 살다 보면 갈 곳을 잃어버리기도 하고, 어찌할 방법과 방향을 몰라 헤매기도 한다. 때로는 진퇴양난進退兩難으로 고역을 겪기도 한다. 그러나 꼭 해두고 싶은 말이 있다. '아무리 최악의 상황이 닥쳐도 절대 희망의 빛을 잃어서는 안 된다'고 하는 말이다.

빅토르 에밀 프랑클Viktor Emil Frankl이 지은 《밤과 안개 Nuit et brouillard》라는 책이 있다. 나치 강제수용소에서 기적적으로 살아남은 프랑클의 자서전적 작품으로, 강제수용소라는 최악의 상황에서도 희망을 버리지 않은 사람은 살아남았고, 희망의 끈을 놓아버린 사람은 끝내 생을 달리했다는 내용이다.

'아, 나는 이제 틀렸어……' 하고 포기하는 사람은 일찍 죽음을 맞이해 버린다. 어떤 역경 속에서도 '뭐야! 내가 이 정도로 무너질까 봐!' 하고 이를 악무는 사람은 자기도 모르게 살아갈 힘과 용기가 솟구친다. 어려울 때일수록 희망을 갖자. 열심히 하면 의욕이 솟아나고 오래지 않아 고난을 벗어날 수 있으리라.

암 환자도 절망하지 않고 희망 속에 사는 사람일수록 수명이 길다는 이야기를 들은 적이 있다. "6개월 정도 남았습니다." 하고 최후 통첩을 받아도 희망을 버리지 않으면 1년, 2년 아니 의사도 놀랄 만큼 오래 살아있는 사람이 많다.

위스콘신 대학의 이저 코너Ija Korner 박사도 희망이 넘칠수록 건강하고 여러 가지 질병에 대한 저항력도 강해진다고 보고한 바 있다. 우리 몸은 본인이 포기하지 않고 희망을 갖기만 하면 그렇게 쉽게 죽는 일은 없을 것 같다.

일도 마찬가지다. 아무리 힘든 일이 닥쳐도 본인이 포기만 하지 않으면 얼마든지 패자부활전을 치를 수 있는 것이다.

매사추세츠 대학의 찰스 만즈Charles C. Manz 교수가 지은 《슈퍼 리더십Super-Leadership》이라는 책은 당시 미국에서 가장 훌륭한 비즈니스서로 '스티벨 피보디 내셔널 북Stybel Peabody National Book상'을 수상하면서 일약 베스트셀러가 되었다.

하지만 이 원고가 30곳이 넘는 출판사에서 거절당했던 책이 었다는 사실을 알고 있는가. 보통 그 정도 거절당했으면 포기할 만도 하지만, 만즈는 끝까지 포기하지 않았다. 그럴수록 더 끈질기게 출판사를 찾아다니며 원고를 내밀었다.

만약 만즈가 한두 번 만에 포기했다면 이 책은 빛도 보지 못하고 한 줌의 재로 사라졌을지 모른다. 만즈보다 더 끈질겼던 인물이 있으니, 바로 KFC의 창업자인 커넬 샌더스(본명: 할렌드 데이빗 샌더스. Harland David Sanders)다. 샌더스가 사업을 시작한 것은 65세. 그는 자신이 만든 치킨 레시피를 사줄 식당을 찾기까지 무려 1,008곳을 돌아다녔다. 포기를 모르는 불굴의 노익장을 과시한 할아버지로 인해 세계적인 KFC가 탄생한 것이다.

어떤 상황에서도 희망만 버리지 않으면 기회는 찾아온다. 그 순간을 꿈꾸며 희망을 품자.

성경에서 배우는 삶의 지혜 44
**포기하지 않으면 반드시 기회는 온다.**

# 45

# 항상 성실하게
# 노력하라

무릇 징계가 당시에는 즐거워 보이지 않고 슬퍼 보이나 후에 그로 말미암아 연단 받은 자들은 의와 평강의 열매를 맺느니라

히브리서 12장 11절

훈련은 즐거움의 반대말처럼 느껴질 수 있다. 쉬고 싶고, 놀고 싶고, 자고 싶다는 생각과 정반대되는 고통이다. 그러나 그 순간을 뛰어넘으면 행복과 영광이 기다린다.

자신에게 관대하고 응석을 받아주기만 하면 아무것도 이룰 수 없다. 보는 사람이 없을 때는 적당히 요령도 피우고 싶지만,

그런 욕망도 이 악물고 견뎌야만 진정한 재미와 기쁨을 맛볼 수 있다. 수행修行이란 그런 것이다.

현대는 편하려면 한없이 편할 수 있는 세상이다. 고객에게 얼굴 내밀기가 두려운 사람은 굳이 만나지 않고 메일로 해결하면 된다. 자료 수집도 인터넷을 이용하면 다리품 팔며 도서관까지 가서 귀찮게 작업하지 않아도 된다.

그런데 그것이 과연 '맞는가?'

나는 생각이 조금 다르다.

예를 들어 인터넷에서 적당히 자료를 모으면 책 한 권쯤은 손쉽게 만들 수 있다. 여기저기 사이트들 돌아다니며 모아온 자료를 이리저리 짜깁기하면 제법 틀을 갖춘 책이 완성될 것이다.

하지만 그렇게 책을 만들었다고 한들 '과연 나는 행복한가?' 라는 물음에 '행복하다'고 자신 있게 대답할 수가 없다.

번거롭기는 해도 우직하게 도서관 곳곳을 누비며 전문서적과 잡지를 펼쳐보기도 하고, 남들이 모르는 자료를 하나둘씩 모으면서 땀을 흘려야 좋은 책이 탄생할 수 있지 않을까.

그렇게 만들어진 책을 받아들었을 때 비로소 '아, 행복하다!' 라고 말할 수 있으리라.

나 같은 경우는 글을 쓸 때마다 '윽~윽~'거리며 고통스러운 신음을 내지만, 막상 탈고하고 나면 그렇게 상쾌하고 행복할 수가 없다. 어쩌면 그 순간의 쾌감을 맛보기 위해 이 일을 하는지도 모른다.

프랑스 북부 마르느현에 있는 랭스 대학의 파비엥 레그랑드 Fabien Legrand 교수는 불안, 긴장 같은 감정과 일을 마친 후 맛보는 쾌적한 흥분은 서로 밀접하게 연관되어 있다는 연구결과를 발표했다.

힘들고 고통스러운 순간이 지나면 '상쾌함'이라는 포상이 기다리고 있다.

하루하루 무기력하고 감동 없이 지내는 사람은 아마도 모든 일을 성의 없이 대충 하기 때문이리라.

대상이 무엇이든 상관없다. 일단 온힘을 다해 최선을 다하고 즐길 수 있는 것을 찾아보자. 그것이 인생이 풍성해지는 비결이다.

---

성경에서 배우는 삶의 지혜 45
**무조건 쾌락을 추구하는 삶보다**
**온힘을 쏟으며 땀을 흘리는 인생이 즐겁다.**

---

# 46

# 인생에서
# 헛된 것은 없다

너는 아침에 씨를 뿌리고 저녁에도 손을 놓지 말라 이것이 잘 될는지, 저것이 잘 될
는지, 혹은 둘이 다 잘 될는지 알지 못함이니라

전도서 11장 6절

노력을 하기는 하면서도,

　'이렇게 하는 것이 무슨 의미가 있을까?'

　'이런 노력이 헛된 것은 아닐까?'

라는 생각을 하기도 한다.

　그러나 전도서는 말한다. 그것은 씨앗을 뿌리는 일과 같다고.

어느 씨앗이 열매를 맺고 가지를 뻗을지 아무도 모른다. 하지만 열심히 씨앗을 뿌리고 잘 가꾸어 주면 무엇이 되었든 분명히 결실을 보지 않겠는가.

물론 중간 중간 어느 씨앗이 열매를 맺을까 궁금해질지도 모른다. 하지만 씨앗이 싹을 트여서 열매로 자라나리라는 것은 의심의 여지가 없지 않은가. 성경은 바로 그 사실을 믿으라고 하는 것이다.

내가 지금 하고 있는 일이 지금 상태로만 보아서는 이루어질지 아닐지 판단할 수 없지만, 절대 물거품처럼 헛되이 사라지지는 않는다.

대학교 선배 하나가 대기업 화장품 회사에 근무하고 있는데 항상 자랑삼아 늘어놓는 이야기가 있다.

"나는 학창시절에 여자 친구들과 놀러만 다녀서 여자들 심리를 잘 알아. 모두 나를 흉보고 놀렸지만 지금 생각하면 정말 그러길 잘했지."

과연 듣고 보니 맞는 말이다. 무슨 일이든 즐기면서 열심히 하면 훗날 도움이 되는 법이다.

나는 학창시절에 번역가를 꿈꾸었기 때문에 다른 학생들보다 몇배 더 영어 공부에 매달렸다. 그 덕분에 영어 논문은 막힘없이 잘 읽어 내려간다. 심리학 전문서적을 읽을 때도 그 시절에

익힌 독해능력 덕을 톡톡히 보고 있다. 인생에서는 무엇이 어떤 식으로 도움을 줄지 모르는 일이다.

A를 배워서 B영역에 응용하는 것.

이것이 바로 '학습의 전이轉移'다.

국어 공부를 열심히 했더니 수학 실력이 향상되었다거나, 검도를 배웠는데 전혀 관계없을 것 같은 테니스에 재능을 보이는 것 등이 모두 학습 전이 현상이다.

당신이 무언가를 하고 있다면 '소용없다'는 생각은 절대 금물이다. 성실한 노력은 다른 형태로라도 여러 분야로 전이되기 때문이다.

사회복지사 공부를 하다가 다른 사람의 기분을 배려하는 법을 알게 되었다면, 복지와 전혀 무관할 수 있는 서비스업에서 재능을 꽃피울지도 모른다.

일단 열심히 노력을 기울이면 언제, 어디서든 싹을 틔울 수 있을 것이다.

---

성경에서 배우는 삶의 지혜 46
**결과가 당장 나오지 않더라도 성실히 노력하는 순간,
반드시 싹이 튼다.**

# 47

# '가난하니까 불행하다'는
# 생각은 하지 말라

사람이 만일 온 천하를 얻고도 자기를 잃든지 빼앗기든지 하면 무엇이 유익하리요

누가복음 9장 25절

사람에게는 '돈만 있으면 좀 더 행복할 텐데……' 하는 심리가 있다. 금전적으로 여유가 있으면 그것만으로도 충분히 행복해 질 수 있다고 믿고 있는 것 같다.

하지만 정말 그렇게 생각한다면 큰 착각이다.

그 사람이 가진 돈의 액수와 행복은 전혀 관계가 없다.

보통 사람들이 생각하는 것처럼, '부자일수록 행복할까?'라는 질문에 대해 과학적으로 조사한 사람이 있다. 미국 미시간 주에 있는 호프 대학의 데이빗 마이어즈David Meyers 교수다.

그는 〈포브스 Forbes〉에 실린 갑부들이 느끼는 행복지수를 조사하는 한편, 평범하게 사는 보통 사람들을 뽑아서 그들의 행복지수도 알아보았다. 그 결과, 부자일수록 행복지수가 높을 것이라는 예상을 깨고, 무려 37퍼센트에 이르는 갑부들이 일반인보다 불행하다고 느끼는 것으로 나타났다.

'돈만 있다면 ○○ 할 수 있을 텐데……'

사람들은 당연히 이렇게 생각한다. 그러나 재물을 많이 얻었다고 해서 진정으로 행복할까? 그렇지 않다.

또 다른 실험 결과를 살펴보자.


노스웨스턴 대학의 필립 브릭맨Philip Brickman은 사고로 하반신 마비라는 장애를 입은 사람 29명과 일리노이 주에서 발행하는 복권에 당첨된 22명을 골라서 그들의 행복지수를 조사했다.

일반적으로 하반신이 마비된 사람들은 사고를 당했다는 자체만으로도 불행하고 비참한 일이라 행복지수가 현저히 낮게 나타날 것이고, 반대로 복권에 당첨되어 졸지에 돈방석에 앉은 사람들은 행복지수가 하늘을 찌를 만큼 높을 것이라 예상할 것이다.

그런데 막상 브릭맨이 조사를 해보았더니 두 그룹 사이에 그리 편차가 나지 않았다는 것이다.

'당신은 몇 년이 지난 후 행복해질 거라고 생각하십니까?'라는 질문에는 오히려 사고로 장애를 입은 사람이 행복해질 수 있다는 희망과 기대에 부풀어 있었다.

다시 말하지만 돈이 많아서 행복한 것은 아니다.

만약 그렇게 생각했다면 당장 생각을 바꾸기 바란다.

행복은 돈으로 살 수 없다. 풍족하지 않아도 행복하게 살아가는 사람들이 얼마나 많은가. 그러니 '돈, 돈' 하며 염불 외듯 하지 말고 다른 곳에서 행복을 느껴보라.

나는 아침에 일어나서 맑은 하늘만 보아도 날아오를 듯 행복하고, 밥을 먹을 때도 '아, 정말 맛있다!' 하면서 행복에 젖는다.

행복이란 어디까지나 본인이 생각하고 선택하기에 달려 있는 것이지, 물질적으로 넉넉하다거나 돈이 많다거나 하는 기준으로 결정되는 것이 결코 아니다.

---

성경에서 배우는 삶의 지혜 47
**행복의 척도는 돈이 아니라 당신의 마음이다.**

# 48

# 결과에
# 집착하지 말라

그들의 열매로 그들을 알지니 가시나무에서 포도를, 또는 엉겅퀴에서 무화과를 따겠
느냐

마태복음 7장 16절

토마토를 심고서 수박을 수확할 수는 없다. 오이 씨앗을 뿌리면
오이밖에 거둘 수 없다. 결국 자기가 뿌린 대로 거둔다는 뜻이
다. 노력도 하지 않고 큰 성과를 기대한다는 것은 무리다.

하나만큼 노력했다면 하나를 얻는다.

백이라는 노력을 기울였다면 백만큼의 성과를 얻는다.

노력과 성과는 완벽하게 비례한다. 실적을 많이 올리는 사람은 남들이 모르는 곳에서 그에 합당한 노력을 쏟았기 때문에 성과가 좋은 것이다.

심리학에서는 연습 효과를 얻기 위해 '오버로드Overload'라는 법칙을 활용한다.

오버로드란 과부하過負荷라는 뜻으로, 조금 버거운 듯이 훈련하지 않으면 아무 효과가 없다는 법칙이다.

예를 들면 거의 무게를 느낄 수 없는 볼펜을 몇만 번 들어 올린다 한들 팔에 근육이 생기겠는가. 이 말은 훈련 강도가 너무 약하면 아무 효과가 없다는 뜻이다.

'왜 나는 업무 기술이 늘지 않는 것일까?'

'나는 왜 이렇게 기억력이 약하지?'

이런 고민거리를 들고 내 사무실을 찾는 사람들이 많은데, 그들의 이야기를 들어 보면 하나같이 훈련 양이나 강도가 너무 약하다는 공통점이 있었다.

노력이 부족하기 때문에 성과를 올리지 못하는 것이다.

스키를 배우겠다고 해놓고 일 년에 달랑 두 번 스키장을 찾는다면 어떻게 멋진 스키 기술을 익힐 수 있겠는가.

몇 년이 지나도 스키를 제대로 타지 못한다는 것은 과부하를 걸어 주지 못했기 때문이다. 배우기로 마음먹었다면 2주 정도는 하루도 빠지지 않고 트레이닝을 받아야 한다.

나도 그렇게 해서 스키를 배웠다.

영어회화 학원에 다니기는 하는데 회화 실력이 전혀 늘지 않는 사람도 이런 이유다.

일주일에 한 번, 한 시간짜리 수업으로는 턱없이 부족하다. 그런 식으로는 몇 년이 지나도 말문이 트이지 않으리라.

단단히 마음먹은 일이 있다면 '오버로드' 법칙을 잘 활용해 보자. 어떤 사람이 단기간에 어학 실력이 쑥쑥 올라갔다면 분명히 이 방법으로 훈련했을 것이다.

무슨 일이든 힘들고 고통스러워서 포기하고 싶을 지경까지 가지 않으면 원하는 결과를 얻을 수 없다.

결실을 맺으려면 그에 비례하는 노력이 필요하다. 편하고 즐거웠다면 적게 거두는 것을 타박하지 말아야 하리라.

# 49

# 아무것도 걱정하지 말고
# 지금 이 순간을 감사하라

아무 것도 염려하지 말고 다만 모든 일에 기도와 간구로, 너희 구할 것을 감사함으로
하나님께 아뢰라

빌립보서 4장 6절

위의 성경 말씀은 사도 바울이 그리스도 예수 안에서 사는 필립
보 성도들에게 보낸 편지의 한 구절이다.

"걱정해 보았자 아무 소용없습니다. 모든 일에 감사하세요."
라는 가르침이다.

아침에 눈 떠서 잠자리에 들 때까지 매 순간 '감사합니다.' '고

맙습니다.' 하는 마음으로 살면 정말 행복해질 수 있다. 불평불만이 아닌 오로지 감사하다는 고백만으로 행복해질 수 있다니, 이 얼마나 간단하고 손쉬운 방법인가.

'그렇게 하면 정말 행복해질 수 있을까?'

대부분 반신반의할 것이다. 하지만 분명한 사실이다. 과학적으로도 확인한, 효과 만점의 노하우다.


캘리포니아 대학의 심리학 교수인 로버트 에몬스Robert Emmons는 대학생 192명을 10주에 걸쳐 일기를 쓰도록 했다. 그 중 반은 '가장 감사했던 일'을 중심으로 쓰게 하고, 나머지 반은 '가장 불안하고 괴로웠던 일' 위주로 써보게 했다.

다시 말해서 한 그룹은 의식적으로 감사한 일을 생각하며 살게 하고, 다른 그룹은 매일 불평불만 속에서 살도록 한 것이다.

10주 후, 에몬스 교수는 학생들이 얼마나 낙천적인가를 측정하는 실험을 했다.

과연, 매일 감사한 일만 생각했던 그룹은 자신의 장래에 대해서도 긍정적이고 진취적인 반응을 보인다는 사실이 밝혀졌다.

즉 긍정적 사고를 하게 된 것이다.

한편 불면증이나 두통 같은 신체적 부조화에 대해서도 실험을 했는데, 10주 동안 고마운 일만 생각했던 그룹은 전혀 그런

증상을 호소하지 않았다.

그뿐 아니라 에몬스 교수는 각각의 그룹이 일주일 동안 운동한 시간을 살펴보았다. 긍정적 사고를 한 그룹은 평균 4.35시간이나 운동을 한 반면, 부정적 생각만 했던 그룹은 3.01시간으로 나타났다.

항상 감사하며 사는 사람은 몸과 마음에 생기가 넘치고 부지런히 몸을 움직이고 싶다는 의욕이 넘쳐난다. 이 실험 결과를 통해서도 알 수 있듯이, 매사에 감사하는 마음으로 생활하면 행복해질 수 있음을 알 수 있다.

언젠가 책에서 '감사합니다'라는 말을 입버릇처럼 달고 살면 암처럼 무서운 병도 잘 걸리지 않는다는 내용을 읽은 기억이 난다. 어쩌면 '암이 낫다'는 내용이었는지도 모른다.

'감사합니다'라는 멘트에는 정말로 '감사한' 일이 따라온다.

그러므로 항상 감사하자. 걱정거리가 생겨도 입으로는 감사하다고 고백하자. 당신은 분명히 행복한 인생을 누릴 수 있을 것이다.

---

성경에서 배우는 삶의 지혜 49
**불만보다 감사에 눈을 돌리면 기운이 용솟음친다.**

# 50

## 부하 직원이나 자녀의 부족함을 감사히 여겨라

너희는 세상의 소금이니 소금이 만일 그 맛을 잃으면 무엇으로 짜게 하리요 후에는 아무 쓸 데 없어 다만 밖에 버려져 사람에게 밟힐 뿐이니라

마태복음 5장 13절

역사적인 배경을 모르면 이 구절이 무슨 의미인지 이해가 가지 않겠지만, 당시에는 소금이 너무도 귀한 재산이었다. 예수는 모든 사람을 소금처럼 귀하게 여겼다.

이런 마음가짐을 우리도 본받아야 하지 않을까.

'도대체 왜 일 못하는 부하 직원뿐인 거야. 힘들어 죽겠네!'

라며 불만만 터뜨리는 상사가 있다.

그러나 착각하지 마시라. 일 못하는 부하가 있기 때문에 당신이 상사로 있을 수 있다는 것을 정녕 모르는가.

만약 부하 직원의 능력이 뛰어나다면, 당신은 상사로서의 존재 가치가 없다. 이 말은 부하 직원의 능력이 부족하기 때문에 가르치고 리드해 줄 상사가 필요하다는 뜻이다.

그러니 당신이 일 못하는 부하들만 잔뜩 거느리고 있다면, 이렇게 감사하라.

'하나님, 감사합니다. 저보다 부족한 사람들뿐이니 제가 상사로서 대접받을 수 있는 것 아닙니까.'

창피한 이야기지만, 우리 큰아이는 운동신경이 정말 둔하다. 달리기도 중년인 내가 더 빠를 정도다.

다른 부모라면 "이 녀석아, 달리기 연습 좀 해!" 하고 잔소리를 할지도 모르지만, 나는 아이에게 핀잔을 준다거나 달리기 연습을 시키려고 밖으로 내몰거나 하지 않는다. 왜냐하면 내가 더 빨리 달리는 동안은 아버지로서 권위를 지킬 수 있기 때문이다.

더구나 아들 녀석은 수학도 약해서 내가 간단한 방정식을 술술 풀어 주기라도 하면 "우와! 아빠, 대단하다." 하고 진심 어린 감탄을 보낸다.

이런 상황이 아버지로서는 꽤 기분 좋은 일이다. '부족한 아들'을 둔 것이 보는 시각에 따라서는 큰 기쁨으로 여겨질 수도 있으니까.

만약 일 못하는 부하 때문에 머리를 쥐어뜯고 있다면, 생각을 바꾸어 보라.

'일 못하는 녀석들만 있어서 정말 다행이야.' 하고 생각하면 신기하게도 그들이 가엾고 사랑스러워 보이기까지 한다. '능력 없는 직원일수록 더 가여워.' 하고 생각하기만 해도 정말 그 직원이 안쓰럽고 사랑스러워진다.

사람들의 호감을 사는 요령은 내가 먼저 상대를 좋아해 주는 것이다.

먼저 호의를 베풀면 주변 사람들도 사랑으로 화답한다.

사람을 사귈 때는 '이렇게 부족한 나를 상대해 주다니, 정말 고마운 일이야'라고 생각하라.

그러면 모든 사람에게 감사한 마음이 우러날 것이다.

성경에서 배우는 삶의 지혜 50
**감사하는 마음으로 사람을 대하면 모든 사람들로부터 사랑을 받는다.**

# 신을 믿는 사람은 왜 행복한가?

일본인 중 종교를 가진 사람이 얼마나 되는지 조사해 보았더니 약 2억 명이 넘는다고 한다.

일본 전체 인구는 1억 수천 만 명.

이쯤 해서 '어? 이상하다?' 고개를 갸웃거리는 사람이 있을 지도 모르겠다. 그도 그럴 것이 신앙인 숫자가 전체 인구수를 넘지 않았는가. 하지만 이것은 어디까지나 통계상의 눈속임이 다. 한 사람이 두 개 이상의 종교를 갖고 있는 경우도 있기 때문 에 신앙인 숫자가 2억을 넘었을 뿐이다.

일본 사람들은 불교든 기독교든 가리지 않고 닥치는 대로 믿 는 경향이 있다. 그러다 보니 전체 인구 숫자를 상회하는 상황 이 연출되는 것이다.

여기서 한 가지 생각해 보아야 할 것이 있다.

'과연 종교생활을 하면 정말 행복할 수 있을까?' 하는 지극히 자연스러운 의문.

사람에 따라서는 '종교는 아무 의미가 없다'라고 할 수도 있지만, 심리학 실험을 통해 종교생활 자체가 인간의 삶에 있어 큰 의미를 지닌다는 사실이 밝혀지기도 했다. 다시 말해 종교생활을 하면 생기 넘치고 긍정적인 삶을 살 수 있다는 이야기다.

테네시 공과대학의 하샤 무커지Harsha Mookherjee 교수는, 60세 이상 노인 120명을 대상으로 그들이 어떻게 생활하기에 하루하루 즐겁고 심리적으로 건강하게 지낼 수 있는지를 조사했다. 한편 건강한 노인과 그렇지 않은 노인의 차이점도 조사해 보았다.

그 결과, 건강한 노인은 종파와 상관없이 진지하게 종교생활을 하고 있다는 것을 알아냈다. 신을 믿는다는 것이 정신적으로 바람직한 일이라는 것을 밝혀낸 것이다.

종교생활은 그 자체로 정신적 안도감을 주고 생기 넘치게 살아갈 수 있는 토대를 만들어 준다. 그래서 안정적이고 확고한 토대를 가진 사람은 사소한 일에 동요하거나 불안해 하지 않는다는 것이다.

그는 또한 심리적 건강상태를 건강하게 하려면 종교생활뿐 아니라 주변 사람들과 좋은 관계를 유지하고, 부부끼리 다정하게 지내는 것도 중요하다고 지적했다. 이 말은 일상생활 속에서 이루어지는 인간관계도 중요하다는 의미다.

과학만능시대라고 하지만, 그것과 신의 존재를 믿느냐 부정하느냐 하는 것은 별개 문제다. 자기 능력의 한계를 깨닫고 자신의 부족한 점을 겸허하게 반성하려면 인간을 초월한 신에 대해 경건한 마음을 갖는 것이 중요하지 않을까.

'신은 존재하지 않는다'라는 생각보다 '신은 존재한다'라고 생각하는 편이 우리를 겸허하게 만들고 자신을 뒤돌아보게 함으로써 성장의 기회로 이어지게 한다.

니체는 "신은 죽었다"라는 유명한 말을 남겼지만, 신은 절대죽지 않았다. 내 마음속에 분명히 살아 있다고 믿는 것이 결국은 자신에게 플러스로 작용하리라 믿는다.

## '주는 것 없이 미운' 성경이지만
## 그 안에는 인생의 지혜가 가득하다

"주는 것 없이 밉다"라는 말이 있다. 나에게 있어 성경은 그런 존재였다.

누구에게나 '좋아하는 책' 장르가 있다. 나에게도 좋아하는 장르가 있는데 성경은 그 장르 안에 절대 들어갈 수 없는 책이었다. 나 같은 경우는 생물이나 식물, 역사서 등을 즐겨 읽는 반면 종교 관련 서적은 의식적으로 기피해 왔던 것이다.

그러나 우연한 기회에 성경을 읽게 되면서 그 속에 유익한 삶의 지혜가 가득 들어 있다는 것을 깨달았다. 그것을 계기로 성경 관련 서적을 여러 권 섭렵했으니, 참 아이러니한 일이다.

만약 내가 성경을 접하지 못했다면 이토록 수많은 지혜를 지나쳐 버리지 않았겠는가. '주는 것 없이 미운' 성경이지만 억지로라도 펼쳐 들기를 잘했다는 생각에 안도의 한숨마저 나온다. 비그리스도인으로서 이런 제목으로 책을 낸다는 것 자체가 손가락질 받아 마땅하다. 성경을 해석하는 데 있어서도 잘못된 부분이 있을 수 있다.

그러나 성경을 통해 얻은 소중한 지식과 지혜를 독자 여러분에게 전하고 싶은 마음이 너무도 간절했기에, '성경 안에 이토록 멋진 가르침이 가득했다니.' 하는 나의 감동 어린 마음을 부디 헤아려 주시기 바란다.

이 책은 성경이 말하려고 하는 내용을 내 나름대로 해석하고 거기에 심리학 자료를 첨가하여 만든 것이다. 조금이라도 여러분의 삶에 유익한 지침이 될 수 있다면 그보다 큰 기쁨은 없을 것이다.

마지막으로, 이 책을 끝까지 읽어 주신 독자 여러분께 진심으로 감사의 말씀을 전하고 싶다. 사는 동안 우리의 고민과 걱정은 끝이 없다. 하지만 낙심하지 말고 끝까지 분발해야 한다는 말로 인사를 대신하고자 한다.

나이토 요시히토 內藤誼人

# 성경의 지혜에서 배우다

초판 1쇄 발행 2016년 12월 5일
초판 2쇄 발행 2017년 1월 5일

지은이 나이토 요시히토
옮긴이 김윤희

발행처 태인문화사
발행인 인창수

신고번호 제10-962호
신고일자 1994년 4월 12일

주소 서울특별시 마포구 독막로 28길 34
전화 02) 704-5736, 팩시밀리 02) 324-5736
이메일 taeinbooks@naver.com

ISBN 978-89-85817-56-1 03320

* 책값은 뒷표지에 있습니다.
* 잘못된 책은 바꾸어드립니다.

도서출판 태인문화사는 독자 여러분의 의견에
항상 귀 기울이며, 좋은 책을 만들기 위해 열심히
노력하고 있습니다.